43.6453N, 115.9926W

Timo Roller

Bible Earth

Der virtuelle Reiseführer

hänssler

Hänssler-Taschenbuch
Bestell-Nr. 394.621
ISBN 978-3-7751-4621-0

Internet: www.haenssler.de
E-Mail: info@haenssler.de
Umschlaggestaltung: Rolf Krüger, Witten
Titelbild: stockxpert.com
Layout: MORIJA medien, Wildberg-Sulz
Druck und Bindung: Ebner & Spiegel, Ulm
Printed in Germany

Inhaltsverzeichnis

Vorwort

Eine lohnende Reise in die Welt der Bibel!

Die Bibel spricht von Gottes Handeln in der Weltgeschichte. Sie spricht von Personen, Völkern und Ländern der altvorderasiatischen Welt und des weiteren Mittelmeerraums. Da ist zum Beispiel Abraham, der um 2000 v. Chr. mit seiner Sippe aus dem hoch kultivierten Zweistromland (dem heutigen Irak) nach Kanaan (dem heutigen Israel) auswanderte. Die Bibel spricht von Mose, der um 1500 v. Chr. als Prinz am Hofe des Pharaos in Ägypten aufwuchs und später das Volk Israel aus der Unterdrückung im Nildelta durch die Wüste Sinai in die Freiheit führte. Später, als Israel von Königen regiert wurde, entstanden wichtige Handelsbeziehungen mit den Hetitern in der heutigen Türkei und mit den Ammonitern und Moabitern im heutigen Jordanien. Und als später die Assyrer und Babylonier (beide Völker stammen aus dem Zweistromland) die Oberherrschaft im Nahen Osten erlangten, wurde das Gelobte Land von diesen Völkern nicht nur unterdrückt, sondern auch religiös und kulturell stark geprägt.

Um die Welt der Bibel näher kennenzulernen, ja um die Menschen der Bibel, ihr politisches, kulturelles und religiöses Umfeld besser zu verstehen, sind wir auf die biblische Archäologie angewiesen. Seit ungefähr 200 Jahren haben Archäologen die Welt der Bibel an vielen Orten im Nahen Osten und im Mittelmeerraum erforscht und Machtzentren sowie einfache Bauernsiedlungen vom Staub und Schutt der Jahrtausende befreit. Die spannende Geschichte von den Menschen der Bibel wird nacherzählt von Statuen, Inschriften, Haushaltsgegenständen, Überresten von Häusern und Palästen und vielem mehr.

Wer schon einmal im Nahen Osten war und zum Beispiel in Jerusalem die alttestamentlichen Überreste der Toranlage zwischen der Davidsstadt und dem Tempelberg aus der Zeit des Königs Salomo oder die Palastbauten und Stallungen in Hazor besucht hat, wird sicherlich bejahen können, dass er seitdem die Bibel mit ganz anderen Augen liest. Wer den Staub von Jahrtausenden durch seine Finger rieseln ließ, wer in Israel eine Scherbe aus biblischer Zeit in der Hand hielt oder vielleicht sogar mit nach Hause nahm, spürte, dass die Menschen der Bibel dort einmal wirklich gelebt haben. Die biblischen Geschichten sind nämlich nicht nur schöne Erzählungen, sondern wahre Zeugnisse wirklicher Menschen, die hier vor Jahrtausenden gelebt und gewirkt haben. Wer einmal im Land der Bibel war, will oft gerne dorthin zurückkehren. Viele Leserinnen und Leser werden aber – aus welchen Gründen auch immer – nie dort hinkommen. Und seien wir ehrlich: Wer von uns wird je ein von Krieg und Terror geplagtes Land wie den Irak besuchen können.

Deshalb ist gerade dieses Buch eine solche Bereicherung. Mithilfe von GOOGLE EARTH nimmt Timo Roller Sie mit auf eine spannende Reise in die Vergangenheit der Bibel. Auf dieser Reise durch die Jahrtausende hindurch besuchen wir die Regionen, wo alles begann. Ausgrabungsstätten und wichtige Ortschaften in Ägypten, Israel und in der Türkei, ja bis hin nach Rom, werden für Sie »herangezoomt«. Ihre Geschichte und ihre materiellen Überreste werden Ihnen auf spannende und sehr verständliche Weise nahegebracht.

Als Alttestamentler und Archäologe kann ich Ihnen dieses Buch von Herzen empfehlen und hoffe, dass sich viele von Ihnen durch diese Lektüre von der Faszination über die Welt der Bibel anstecken lassen. Denn die Länder der Bibel sind wirklich einen Besuch wert! Viel Spaß beim Lesen und Erforschen der biblischen Ortschaften.

Dr. Peter van der Veen
Mitarbeiter der Studiengemeinschaft Wort und Wissen e. V.
Schorndorf, Januar 2007

Reisevorbereitungen ...

Willkommen in der virtuellen Welt der Bibel!

Sie befinden sich am Startpunkt einer einzigartigen Reise und werden auf einem faszinierenden virtuellen Abbild unserer Erde Sehenswürdigkeiten entdecken, die Sie im wirklichen Leben nicht besuchen könnten. Zumindest nicht, ohne sich in größere Gefahr zu begeben und viel Geld auszugeben. Unsere Reise dagegen ist so gut wie umsonst: Alles, was Sie brauchen, haben Sie hoffentlich schon: einen Computer mit ordentlicher Grafikkarte, einen schnellen Internetzugang und – dieses Buch, Ihren Reiseführer.

Dann benötigen Sie noch GOOGLE EARTH, ein Programm, das Sie kostenlos unter <http://earth.google.de> herunterladen können. Zusätzlich können Sie sich eine Datei mit sämtlichen in diesem Buch angegebenen Koordinaten unter der Internetadresse <www.bible-earth.net/downloads> herunterladen. Sie müssen dann nicht alle Koordinaten per Hand eingeben.

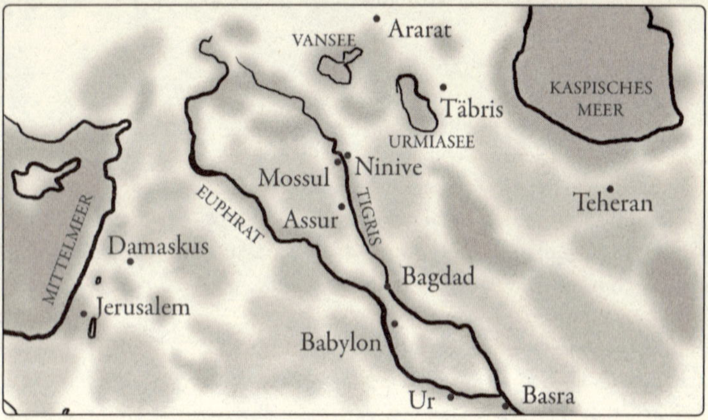

Naher Osten: 35.4738N, 43.5245E – Sichthöhe: etwa 1750 Kilometer. Ihre Reiseziele im Nahen Osten. Später geht es über Kleinasien noch nach Europa.

Kennen Sie Google Earth schon? Es ist ein atemberaubendes Programm! Die Erde aus der Vogelperspektive. Unser Planet schwebt im Weltraum, im Hintergrund leuchten Sterne. Dann bewegen Sie sich auf einen Kontinent zu, auf ein Land, eine Stadt, immer näher. Weiter heran, bis Sie einzelne Häuser, Autos und sogar Personen erkennen. Landstriche in entlegenen Gegenden der Erde lassen sich genau inspizieren, seltsame Objekte können gefunden werden. Eine ganze Fangemeinde sucht eigenartige Plätze, Flugzeuge am Boden oder in der Luft, Zeppeline, Hubschrauber und Heißluftballone. Dazu Militäreinrichtungen, Wohnsitze prominenter Bürger oder auch Perspektivfehler, die sich in der Anordnung der einzelnen Satelliten- und Luftaufnahmen ergeben haben. Es gibt Stellen, an denen Sommer und Winter direkt aneinandergrenzen!

Vor allem in den USA gibt es vieles zu entdecken. Die meisten Großstädte sind hochauflösend vorhanden und unzählige Details können beobachtet werden, haufenweise Koordinaten sind markiert und viele Gebäude als 3-D-Modelle hinterlegt. Seit Anfang 2006 ist auch Deutschland endlich größtenteils in hoher Auflösung zu sehen und viele Menschen hierzulande erkunden aus der virtuellen Vogelperspektive ihre Heimat. Manche Gegenden wie der Raum Berlin, Konstanz oder die Insel Mainau am Bodensee sind so detailliert dargestellt, dass man Fußgänger erkennen kann.

Die Welt der Bibel

Besonders spannend ist aber die Entdeckung einer Gegend, in die in den nächsten Jahren vermutlich kaum ein Tourist reisen wird, wo es aber sehr interessante Sehenswürdigkeiten gibt: Der heutige Irak birgt archäologische Juwelen, die aus der Luft betrachtet völlig neue Eindrücke einer längst vergangenen Epoche geben – die Ausgrabungen in Mesopotamien, das die Bibel als Wiege der Menschheit beschreibt.

Entdecken Sie das alte Babylon, wo heute amerikanische Apache-Hubschrauber neben den sagenhaften Hängenden Gärten stationiert sind. Sehen Sie die Ausgrabungen von Abrahams Heimatstadt Ur. Erforschen Sie Ninive, Assur – das ganze Zweistromland zwischen Euphrat und Tigris. Und lassen Sie sich mitnehmen auf eine Reise zum Berg Ararat, zum vermuteten Garten Eden und damit zu den Ursprüngen der Menschheit!

Erleben Sie das heilige Land Israel aus der Luft. Jerusalem, Hebron, Akko. Dazu Bethlehem, Nazareth und den See Genezareth auf den Spuren von Jesus Christus. Betrachten Sie darüber hinaus die archäologischen Stätten in Ephesus, Pergamon und Philippi, entdecken Sie die berühmten Sehenswürdigkeiten von Rom und Athen sowie eindrückliche Fundstücke aus aller Welt. Kurz: Werfen Sie einen Blick auf die Welt der Bibel mit GOOGLE EARTH!

Bible Earth entstand als Internetseite im Mai 2006 unter der Adresse <www.bible-earth.net>, die Seite ist ein Projekt von MORIJA medien in Zusammenarbeit mit der Studiengemeinschaft »Wort und Wissen«. Wissenschaftlicher Berater ist Dr. Peter van der Veen, Experte für biblische Archäologie.

TIPPS ZUR BEDIENUNG:

GOOGLE EARTH ist sehr einfach zu benutzen: Mittels eines Navigationsbereichs kann man die Ausrichtung des virtuellen Globus drehen, den Kartenausschnitt verschieben, hineinzoomen und den Blickwinkel neigen. Auch das Auffinden von Orten ist simpel: Im besten Fall genügt es, einen Suchbegriff wie »Jerusalem, Israel« einzugeben. Die in diesem Buch angegebenen Koordinaten geben Sie im folgenden Format ein: »31.7777N, 35.2352E«. Suchen Sie kein einzelnes Gebäude und wollen Sie sich nur einen Überblick verschaffen, genügen zwei Stellen nach dem Punkt (kein Komma!): »31.77N, 35.24E«. Auch die Himmelsrichtung können Sie weglassen: »31.77, 35.24«, dann müssen Sie allerdings den Koordinaten ein Minus voranstellen, wenn Sie in den Süden oder den Westen wollen: »40.7121, -74.0130«. Die Angabe der Sichthöhe unter den Kartenausschnitten setzt manchmal voraus, dass die Ebene »Gelände« aktiviert ist. Die Höhe müssen Sie manuell einstellen, am besten mit dem Scrollrad der Maus.

Unter <www.bible-earth.net/downloads> finden Sie eine Koordinaten-Datei (KML-Format), die mit GOOGLE EARTH geöffnet werden kann. Dann können Sie per Mausklick auf alle Orte von Bible Earth zugreifen. Unter <http://earth.google.de/support/> finden Sie viele weitere Tipps zum Umgang mit dem Programm; unter <http://earth.google.de/tour/> gibt es sogar einige Videos zur Erklärung von GOOGLE EARTH.

ALTERNATIVE: GOOGLE MAPS

Sollte Google Earth auf Ihrem Computer überhaupt nicht laufen, finden Sie unter <www.bible-earth.net/maps> eine Liste von Links, um die Orte direkt in Ihrem Internet-Browser mit Google Maps anzusehen. Auf der Internetseite dieses Dienstes unter <http://maps.google.de> können Sie auch ganz einfach die Koordinaten eingeben, genauso wie zuvor beschrieben.

Wenn Sie nur eine langsame Verbindung zum Internet haben, dauert das Nachladen der Bilddaten eine gewisse Zeit.

Starten Sie nun Ihre Entdeckungsreise in Mesopotamien. Im heutigen Irak ist es besonders spannend, auf hochauflösenden Luftaufnahmen Orte zu sehen, die wegen der politischen Lage auf Jahre hinaus von Touristen nicht betreten werden können. Von den alten Zivilisationen der Babylonier, Assyrer und Sumerer geht es dann zu den Ursprüngen der Menschheit nach Eden und zum Ararat. Danach reisen Sie mit den Nachkommen Jakobs von Ägypten ins heilige Land Israel. Und schließlich erleben Sie nach, wie sich das Christentum über Antiochia und Kleinasien nach Europa ausgebreitet hat. Ich wünsche Ihnen viel Freude dabei.

Timo Roller
Wildberg-Sulz, März 2007

Mesopotamien – Spurensuche im Irak

Babylon – Beherrscht vom Größenwahn

Der Name **Babylon** zieht sich wie ein roter Faden durch die Bibel: von der Genesis über die Propheten bis zur Offenbarung. Die Stadt ist das Gegenstück zum heiligen Jerusalem, das manifestierte Böse. Oft ging von ihr Unheil aus über Israel, die Juden und die ganze Menschheit. Oft wurde ihr aber auch Gottes Gericht angedroht:

Deshalb wurde die Stadt Babel genannt, weil der HERR dort die Sprache der Menschen verwirrte und sie über die ganze Erde zerstreute (1. Mose 11,9).

»Das Schwert wird die Babylonier bestrafen«, spricht der HERR (Jeremia 50,35).

Babylon ist gefallen – die große Stadt ist gefallen! (Offenbarung 18,2).

Die Monumente Babylons waren reich verziert mit den Symbolen der Macht und der Götter.

Nach dem 1. Buch Mose wurde Babel gegründet von Nimrod, der als *»heldenhafter Krieger«* und *»unerschrockener Jäger in den Augen des* HERRN« bezeichnet wird (1. Mose 10,8–9). Von Auslegern wird er *Gewaltherrscher* genannt und es liegt nahe zu vermuten, dass er der Initiator des Turmbaus gewesen sein könnte und sich auf diese Art gegen Gott auflehnte.

Später herrschte der berühmte Nebukadnezar über Babylon. Unter ihm eroberten die Babylonier 587 v. Chr. Jerusalem, zerstörten den Tempel Gottes und führten die Juden ins Exil.

Zuletzt baute Saddam Hussein Paläste in Babylon, das 80 Kilometer südlich der irakischen Hauptstadt Bagdad liegt. Er wollte sich gerne einreihen in die historische Linie der mächtigen Tyrannen Babels. Und er hasste die Juden von Herzen, schoss 1991 Raketen auf Tel Aviv.

Während des Irakkriegs im Jahr 2003 haben die Invasionstruppen der USA und Polens sich der uralten Stadt bemächtigt. Sie wollten die archäologischen Stätten vor Plünderern schützen, gefährden mit ihren Kampfhubschraubern, die bis heute dort stationiert sind, und ihren Militäreinrichtungen aber den geschichtsträchtigen Ort selbst wohl mehr, als vielen Wissenschaftlern lieb ist.

Geben Sie nun die ersten Koordinaten ein und beginnen Sie an dieser Stelle Ihre Entdeckungsreise mit GOOGLE EARTH, denn eine wirkliche Reise nach Babylon wird Touristen wohl noch auf lange Zeit verwehrt bleiben!

Beobachtet man Babylon aus der Luft, sieht man die Geschichte von über vier Jahrtausenden vor sich ausgebreitet.

KOORDINATEN:

Babylon (Übersicht): 32.5343N, 44.4303E

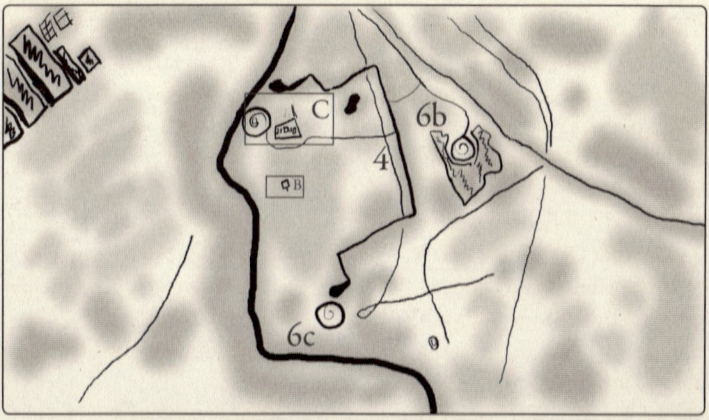

Babylon (A): 32.5343N, 44.4303E – Sichthöhe: etwa 4 Kilometer. 6b und 6c sind die Paläste der Söhne Saddams. 6a ist im Kartenausschnitt (C) verzeichnet (siehe S. 17).

Zoomen Sie nun näher heran zu dem kleinen Rechteck links von der Bildmitte im Kartenausschnitt (B): Hier sehen Sie die Reste der *Zikkurat von Etemenanki* (1) (sumerisch für *Haus des Himmelsfundaments*). Es handelt sich um den in der Bibel erwähnten Turm zu Babel!

Babylon (B): 32.5362N, 44.4207E – Sichthöhe: etwa 500 Meter. Die Fundamente des Turmes zu Babel.

Ein Turm in den Himmel

Die ersten archäologischen Ausgrabungen in Babylon fanden 1899 statt. Der Turm ist nach biblischer Zeitrechnung in der Zeit zwischen Sintflut und Abraham gebaut worden – also im späten 4. oder im 3. Jahrtausend vor Christus. Wenn man diese Angaben mit der mesopotamischen Geschichtsschreibung vergleicht, findet man bei König Sargon I. den Hinweis auf einen heiligen Ort in Babel, das er irgendwann zwischen 2300 und 2100 v. Chr. eroberte. Um 2050 v. Chr. wird konkret ein Turm in Babylon erwähnt. Ungenauigkeiten in der Zeitangabe solch früher Epochen lassen sich nicht vermeiden. Deshalb sind Abweichungen von mehreren Hundert Jahren möglich und sprechen nicht unbedingt gegen eine sachliche Übereinstimmung.

Hammurabi baute den Turm um 1700 v. Chr. wieder auf, Nebukadnezar hat ihn im 6. Jahrhundert v. Chr. renoviert und erweitert. Man kennt von Babyloniens bekanntestem König nur zwei bildliche Darstellungen, eine davon zeigt ihn auf einem Relief zusammen mit einem siebenstöckigen Turm. Aus der hellenistischen Zeit (229 v. Chr.) stammt eine Auflistung der Maße des Etemenanki: Demnach hatte er tatsächlich sieben Stockwerke und war jeweils 90 Meter breit, lang und hoch.

Ein Modell des Turmes zu Babel steht im Pergamonmuseum. Vom wirklichen Turm sind nur noch die Fundamente übrig und aus der Luft deutlich zu erkennen. Das Grundwasser ist in ihnen an die Oberfläche getreten.

478 v. Chr. zerstörte der persische Herrscher Xerxes den Turm teilweise. Die Geschichte des Monuments endet mit Alexander dem Großen, der die Ruinen des Bauwerks 323 v. Chr. abreißen ließ, um es danach wieder neu zu errichten. Doch dazu kam es nie; Alexander starb nach zahlreichen Eroberungen bereits in jungen Jahren. Danach bediente man sich der Ziegel als Baumaterial und trug die Ruinen bis auf die Fundamente ab. 1971 erklärte die irakische Regierung, den Turm wieder aufbauen zu wollen. Doch auch Saddam Hussein konnte diesen Vorsatz nicht verwirklichen.

Paläste, Gärten, Hubschrauber

Babylon (C): 32.5437N, 44.4211E – Sichthöhe: etwa 1000 Meter. Die Südburg Nebukadnezars (2), der *Kasr* (3) und die vermuteten Hängenden Gärten (3), das Ischtar-Tor und die Prozessionsstraße (5) sowie Saddam Husseins Palast (6a) und in Babylon stationierte Militärhubschrauber (7).

Die *Südburg* Nebukadnezars II. (2): 600 Meter nördlich des Turms stoßen wir auf den Königspalast eines Herrschers, der uns ebenfalls aus der Bibel bekannt ist: Mit der Südburg Nebukadnezars wurde in den Jahren 1900 bis 1906 ein gewaltiger Komplex freigelegt, dessen Hauptzugang im Osten liegt, zur Prozessionsstraße hin. Fünf Innenhöfe, von denen der größte 55 mal 60 Meter groß ist, breiten sich in dem 300 Meter langen Palast aus. Über den mittleren Innenhof erreicht man den ausladenden

Thronsaal – darin ist auf der Südseite die Nische zu sehen, in der mit hoher Wahrscheinlichkeit Nebukadnezars Thron stand.

NEBUKADNEZAR II.

Nebukadnezar II. war von 605 bis 562 v. Chr. König von Babylon. Sein Vater hatte Assyrien erobert und so regierte er ein mächtiges Reich. Nebukadnezar selbst führte erfolgreich Kriege gegen Ägypten und Juda. 587 v. Chr. belagerte er Jerusalem, führte die jüdische Oberschicht ins Exil und zerstörte den Tempel Gottes. An seinem Hof bildete er den Propheten Daniel aus, der ihm Träume deutete. Seinen Stolz und Größenwahn bestrafte Gott mit einer Geisteskrankheit. Nach dem biblischen Bericht lobte Nebukadnezar den Gott Israels, als er wieder gesund wurde.

Robert Koldewey hat bei seinen Ausgrabungen Keilschrifttafeln gefunden. Erwähnt wird darauf der aus der Bibel bekannte König Jojachin, der in babylonischer Gefangenschaft begnadigt wurde und Gast war *»am Tisch des Königs«* (vgl. Jeremia 52,33). Saddam Hussein hat auf den Ruinen der Südburg den Palast neu errichtet – und stellte sich damit in die Herrscherlinie Nebukadnezars. 1982 begannen seine Arbeiter, den Palast mit seinen 600 Räumen zu rekonstruieren – allerdings nicht im Sinne der Archäologen. Über die ursprünglichen Ziegelsteine, die knapp einen Meter aus dem Boden ragten und Inschriften zur Ehre Nebukadnezars II. trugen, erbaute Hussein mit 60 Millionen Steinen den Palast zu seiner eigenen Ehre wieder auf: *»In der Ära Saddam Husseins, dem Beschützer des Irak, der Babylon neu erbaut.«* Viele der neuen Steine begannen aber schon nach zehn Jahren auseinanderzubrechen!

Der *Kasr* (3): Der gesamte Palast Nebukadnezars muss noch größer gewesen sein, doch die Ausgräber um Koldewey konnten sich nur ein unklares Bild des Grundrisses machen. Durch Ziegelraub war schon vieles zerstört, doch immerhin sind noch Teile der 17 Meter dicken Mauer und des über 15 Meter hohen Fundaments zu erkennen.

Man vermutet in diesem Bereich auch die sagenhaften *Hängenden Gärten der Semiramis* – eines der Sieben Weltwunder der Antike. Koldewey entdeckte nordöstlich der Südburg einen Gewölbebau und nahm an, dass dieser als Substruktion der Hängenden Gärten diente. An dieser

Interpretation ist jedoch Kritik geübt worden und es gibt zahlreiche Alternativen.

Die Stadtmauer (4): Durch die Gestalt der Oberfläche war der Verlauf der Stadtmauer Babylons weitgehend bekannt, doch ihre mächtige Struktur wurde erst durch die Grabungen im Jahr 1904 ersichtlich: Der doppelte Mauerring um die Innenstadt bestand aus einer 3,25 Meter dicken äußeren und einer 6,50 Meter dicken inneren Mauer. Die äußere Stadtmauer war fast 5 Kilometer lang und bestand aus einer dreifachen Sicherung: ein Wassergraben, der mit einer Böschungsmauer gesichert war, eine 8 Meter starke Mauer aus gebrannten und im Abstand von 12 Metern noch eine 7 Meter starke Mauer aus Lehmziegeln. Es wird vermutet, dass dieser Abstand noch bis zur Höhe der Mauern aufgefüllt war und die gesamte Wehranlage somit fast 27 Meter dick war – eine uneinnehmbare Festung! Das rekonstruierte Marduk-Tor ist gut erkennbar.

KOORDINATEN:

Babylon (Marduk-Tor): 32.5418N, 44.4343E

Das Ischtar-Tor und die Prozessionsstraße (5): Um das echte Ischtar-Tor zu besichtigen, muss man nicht in den Irak reisen – es steht im Pergamonmuseum in Berlin. Doch ursprünglich – bis zu dem Zeitpunkt, als es Robert Koldewey in die deutsche Hauptstadt brachte – stand die Ruine des Tors in Babylon. Nach dem Vorbild, wie das Ischtar-Tor in Berlin restauriert wurde, baute Saddam Hussein an der Originalstätte ein neues auf.

SADDAM HUSSEIN

Saddam Hussein war von 1979 bis 2003 Präsident des Irak. Von 1980 bis 1988 führte er sein Land in den ersten Golfkrieg gegen das Nachbarland Iran. 1990 besetzte der Irak Kuwait und wurde Anfang 1991 im zweiten Golfkrieg von der durch die USA angeführten Koalition mehrerer Staaten zurückgeschlagen. Nachdem man ihn verdächtigte, Massenvernichtungswaffen zu produzieren, wurde Saddam Hussein 2003 im dritten Golfkrieg durch die USA und ihre Verbündeten gestürzt und im Dezember desselben Jahres in einem Versteck aufgespürt und festgenommen. Im Oktober 2005 begann der Prozess gegen ihn, im Dezember 2006 wurde er im Irak hingerichtet.

Das Ischtar-Tor aus der Zeit Nebukadnezars wurde im Pergamonmuseum in Berlin aus den Funden der Archäologen rekonstruiert (Siehe auch im Kapitel **Fundstücke** ab S. 181: Berlin).

Saddams Paläste (6a): Aus der Satellitenperspektive kann man es schön erkennen: Drei Hügel, auf die jeweils eine gewundene Straße führt, bilden ein gleichseitiges Dreieck um das antike Babylon.

Auf jedem Hügel wollte der Diktator einen Palast bauen lassen: einen für sich selbst – der fertiggestellt worden ist (6a) – und je einen für seine beiden Söhne (6b und 6c). Die Hügel haben einen Abstand von jeweils 2600 Metern.

Hubschrauber (7): Wenige Meter östlich der Prozessionsstraße sind sieben Kampfhubschrauber der alliierten Streitkräfte zu sehen – sehr zum Leidwesen aller Archäologen. Bevor das Datenmaterial in Google Earth im Juni 2006 aktualisiert wurde, standen hier sogar fünfzehn Helikopter, 500 Meter südlich des Saddam-Palastes (6a) befanden sich weitere acht, sogar ein fliegendes Exemplar war zu finden.

Ur – Abrahams Heimatstadt

Terach nahm seinen Sohn Abram, seine Schwiegertochter Sarai und seinen Enkel Lot, das Kind seines Sohnes Haran, und verließ Ur in Chaldäa, um ins Land Kanaan zu ziehen (1. Mose 11,31).

Ur – dieser Name spricht für sich. Auf der Suche nach dem in der Bibel erwähnten Ur in Chaldäa entdeckte man die wahrhaft *ur*-alte Kultur Mesopotamiens, deren Wurzeln zurückreichen zu den Anfängen der menschlichen Zivilisation.

Das Ur, das die meisten konservativen Theologen heute mit der Heimat Abrahams und seines Vaters Terach gleichsetzen, liegt etwa 120 Kilometer westlich der Mündung des Euphrat und des Tigris in den Zusammenfluss Schatt al-Arab, der bei Basra in den Persischen Golf mündet. Gleich daneben liegt der Militärflughafen *Tallil* (5), auf dem in GOOGLE EARTH zahlreiche Hubschrauber und Flugzeuge zu entdecken waren. Nach dem letzten Daten-Update sind die Landebahnen aber wie leer gefegt. Tallil war ein wichtiger Stützpunkt der irakischen Armee und wurde schon 1991 während des zweiten Golfkriegs bombardiert.

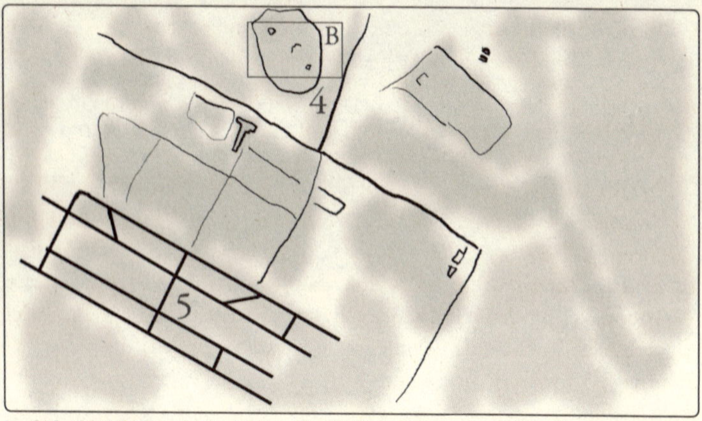

Ur (A): 30.9435N, 46.11.79E – Sichthöhe: etwa 8 Kilometer. Die Umrandung des Tells (4) und der Militärflughafen Tallil (5).

Aus archäologischer Sicht ist die Geschichte der Stadt Ur tragisch: Noch Mitte des 19. Jahrhunderts stand hier eine vollständig erhaltene Zikkurat, die seit undenklichen Zeiten als *Tell al-Muqayyar* bekannt war – der *Stufenhügel*. Dieser Turm war eine Kultstätte für den Mondgott Nannar und war noch im ursprünglichen Zustand. Die Zikkurat zu Ur ist kleiner als der Turm von Babel, die Grundfläche misst 55 mal 40 Meter.

STICHWORT: TELL

Archäologen bezeichnen Siedlungshügel, die durch jahrhundertelange Besiedlung entstanden sind, mit dem arabischen Wort »Tell«. Alternativ wird auch – abhängig vom Fundort – die persische Form »Tepe« verwendet.

1854 kam eine britische Karawane unter Führung des Konsuls in Basra, J. E. Taylor, nach Ur, um nach Schätzen für das Britische Museum in London zu suchen. Er ließ den Stufenturm von oben her abtragen und fand schließlich einige Tonzylinder mit Inschriften, die jedoch in jener Zeit angesichts überwältigender Funde in Nord-Mesopotamien (z.B. in Ninive) verblassten. So gaben die Briten ihre Anstrengungen auf und erst 75 Jahre später entdeckten andere die unermesslichen Schätze der Chaldäerstadt. Unterdessen bedienten sich Araber an dem kostenlosen Baumaterial und beluden ihre Lasttiere mit Ziegeln der alten Zikkurat.

STICHWORT: ZIKKURAT

Eine Zikkurat ist ein pyramidenartiger Stufentempel der frühen Hochkulturen Mesopotamiens. Im Gegensatz zu den ägyptischen Pyramiden besteht eine Zikkurat aus mehreren aufeinanderliegenden Plattformen. Auf der obersten Plattform wurde jeweils ein Heiligtum errichtet. Die am besten erhaltene Zikkurat befindet sich in Ur, die größte wird wohl der Turm von Babel gewesen sein.

Unter den Offizieren der britischen Truppen, die im Ersten Weltkrieg Richtung Bagdad marschierten, war R. Campbell Thompson, in Friedenszeiten Assistent im Britischen Museum. Er erteilte dringenden Bericht nach London angesichts des verfallenen Bauwerks und der vermuteten Siedlungsruinen. Und so wurden die inzwischen in Vergessenheit geratenen Tonzylinder genau untersucht.

Nun erst stellte sich heraus, dass es sich hier um das Ur der Bibel handeln musste und dass babylonische Herrscher im 6. Jahrhundert v. Chr. – darunter Nebukadnezar – bestrebt waren, die alte Zikkurat zu renovieren. Viele weitere Keilschrifttexte bestätigten: Ur war eine der wichtigsten Städte der Sumerer, der ersten Hochkultur der Menschheitsgeschichte.

Die Reste der Zikkurat von Ur: auch heute noch ein imposantes Bauwerk.

1922 kam eine Expedition um den bekannten Archäologen C. Leonard Woolley nach Ur und begann mit systematischen Ausgrabungen auf den Tells, den alten Siedlungshügeln. Er grub sechs Winterhalbjahre lang und entschlüsselte die Ereignisse der menschlichen Frühgeschichte.

Die Schätze von Ur

C. Leonard Woolley und seine Helfer förderten einen heiligen Bezirk mit den Resten von fünf Tempeln zutage, die die einst von König Ur-Nammu erbaute Zikkurat (1) im Halbkreis umgaben. Einer davon (2) ist heute noch gut erhalten und aus der Luft gut zu sehen. Jeder Tempel hatte einen Innenhof, umgeben von zahlreichen Räumen. In ihnen fand man noch Wassertröge und Backöfen in sehr gutem Zustand, sodass Woolley vermerkte: *»Nach 38 Jahrhunderten konnte man die Feuer wieder anzünden und die älteste Küche der Welt wieder in Betrieb setzen.«*

Ur (B): 30.9610N, 46.1055E – Sichthöhe: etwa 800 Meter. Der Tell von Ur enthält neben der Zikkurat (1) die Überreste mehrerer alter Tempel (2) und Wohnhäuser (3). Teilweise wurden Gebäude von den Irakern restauriert.

Die Ausgräber fanden einen reichen Schatz an Lehmtäfelchen, die Steuerquittungen und weiteren Schriftverkehr enthielten. So gab die Entzifferung dieser schriftlichen Zeugnisse viele Geheimnisse der antiken sumerischen Kultur preis. Auch Königsgräber wurden gefunden, die weitere Einblicke in die frühe Kultur Urs gaben.

Südlich der Zikkurat gruben die Archäologen Privathäuser aus, die zuvor in Babylon gefundene Wohnungen bescheiden aussehen ließen: Die Einwohner von Ur lebten in mehrstöckigen, prächtigen Villen. Eine dieser Villen (3) wurde restauriert und wird als »Terachs und Abrahams Wohnhaus« den Besuchern gezeigt.

Saddam Hussein ließ dieses Gebäude neu errichten, als Papst Johannes Paul II. Anfang der 1990er-Jahre eine Reise in den Irak in Erwägung zog. Ein großer Parkplatz wurde angelegt, damit sich Touristen und Pilger ein Bild davon hätten machen können, wie die biblischen Patriarchen wohl gelebt haben mögen. Es ist aber bisher nicht zu einer Papstreise gekommen und Touristen sind im Irak – mit Ausnahme amerikanischer Soldaten – sehr selten.

Assur – Zentrum des Kosmos

Assur – dies ist der Name eines Gottes, einer Stadt und der einst mächtigen assyrischen Nation. Ein Name, der vor vielen Jahrhunderten in den Ländern des Vorderen Orients Angst und Schrecken ausgelöst haben muss. Die Könige Assyriens regierten mit brutaler Gewalt und dehnten ihr Reich bis nach Ägypten aus. Assur war die erste Hauptstadt des assyrischen Reiches. Doch obwohl die Könige ihren Regierungssitz später nach Nimrud und zuletzt nach Ninive verlegten, blieb Assur das religiöse Zentrum, was durch die Bauaktivitäten der neuassyrischen Könige bezeugt ist, wie zum Beispiel durch das Festhaus Sanheribs (um 700 v. Chr.).

König Tukulti-Ninurta I. (1244 bis 1208 v. Chr.) vermauerte in seinem Ischtar-Tempel zahlreiche Gründungsurkunden. Die Inschriften enthalten den Namen des Bauherrn sowie viele Angaben über die Geschichte Assyriens.

In der Bibel wird Assur nur als Synonym für Assyrien verwendet, die Stadt selbst wird nicht erwähnt. Dafür aber die Herrscher, die in der alten Hauptstadt ihre Spuren hinterlassen haben.

Als Gebietsbezeichnung taucht Assyrien schon im Schöpfungsbericht auf: *»Der dritte Arm ist der Tigris, der östlich von Assyrien fließt« (1. Mose 2,14).*

Dann erscheint Assur in 1. Mose 10,11: Nimrod dehnte »*sein Reich bis nach Assyrien aus, wo er Ninive, Rehobot-Ir und Kelach sowie Resen – das zwischen Ninive und Kelach gelegen ist – erbaute.*« Nimrod wird mit der Gründung etlicher Städte in Mesopotamien in Zusammenhang gebracht; historisch sind diese Ereignisse in der Frühzeit der Menschheitsgeschichte jedoch schwer zu erfassen.

DIE ASSYRISCHEN KÖNIGE (Auswahl)

Schamschi-Adad I. (1813 v. Chr. bis 1781 v. Chr.)
Tukulti-Ninurta I. (1244 v. Chr. bis 1208 v. Chr.)
Assurnasirpal II. (883 v. Chr. bis 859 v. Chr.)
Salmanassar III. (858 v. Chr. bis 824 v. Chr.)
Tiglat-Pileser III. (745 v. Chr. bis 727 v. Chr.), in der Bibel als Pul bezeichnet (2. Könige 15,19)
Salmanassar V. (726 v. Chr. bis 722 v. Chr.)
Sargon II. (721 v. Chr. bis 705 v. Chr.)
Sanherib (704 v. Chr. bis 681 v. Chr.)
Asarhaddon (680 v. Chr. bis 669 v. Chr.)
Assurbanipal (669 v. Chr. bis 626 v. Chr.)
Sinsarischkun (623 v. Chr. bis 611 v. Chr.)

Erst später, als Assyrien zur Großmacht wurde und Israel zum geteilten Reich geworden war, gibt es deutliche Querverbindungen zwischen biblischen Berichten und der assyrischen Geschichtsschreibung. Hauptsächlich das Nordreich Israel hatte immer wieder Berührungspunkte mit dem aufsteigenden Weltreich:

853 v. Chr. kämpfte König Ahab in einer Koalition zwölf vorderasiatischer Staaten gegen den assyrischen Herrscher Salmanassar III. Dieses Ereignis ist nicht in der Bibel bezeugt, sondern auf der *Kurh-Stele*, die 1861 in der heutigen Türkei gefunden wurde und sich im Britischen Museum in London befindet.

Tiglat-Pileser III. (als König von Babel auch Pul genannt) forderte 738 v. Chr. Tributzahlungen von König Menahem (vgl. 2. Könige 15,19).

Salmanassar V. eroberte schließlich 722 v. Chr. die Hauptstadt Samaria und das Reich Israel war damit am Ende (vgl. 2. Könige 17,6).

701 v. Chr. belagerte Sanherib Jerusalem, die Hauptstadt des Südreichs Juda, musste sich aber dem Eingreifen Gottes geschlagen geben.

Davor hatte er viele andere Städte Judas, zum Beispiel Lachisch, erobert (vgl. 2. Könige 18,13–19,37).

Paläste der Götter

Anfang des 20. Jahrhunderts ermöglichte Kaiser Wilhelm II. der Deutschen Orientgesellschaft, neben Babylon eine zweite Ausgrabung zu beginnen. Man entschied sich für die Ruinen einer Stadt am Ufer des Tigris, die man für die Reste der Stadt hielt, die Assyrien ihren Namen gab: Assur.

Schon Mitte des 19. Jahrhunderts waren britische Ausgräber auf ein Sitzbild des assyrischen Königs Salmanassar III. (858 bis 824 v. Chr.) gestoßen, stellten die Untersuchungen aber ein, nachdem aus Ninive und Nimrud weit größere Erfolge gemeldet wurden.

Reste einer gewaltigen Stadtmauer, dazu ein 30 Meter hoher Lehmberg, der als Ruine einer Zikkurat übrig geblieben war, waren für die deutschen Forscher Erfolg versprechend genug, um umfangreiche Grabungen zu beginnen. Systematisch wollte man die altorientalische Kultur unter die Lupe nehmen. Nicht nur Schätze für die Museen der Heimat ans Licht bringen, nicht nur Tempel, Paläste und Bibliotheken aufspüren, sondern den gesamten Aufbau einer Stadt untersuchen. Auf einer Fläche von nur 1,3 Quadratkilometern schien dies ein überschaubares Unterfangen zu sein. Die Leitung übernahm der erst 28-jährige, hochbegabte Architekt Walter Andrae, der zuvor Koldeweys Assistent in Babylon gewesen war.

Walter Andraes Grabungen, Rekonstruktionszeichnungen und Bücher ließen in den folgenden Jahrzehnten die im Wüstensand versunkene Stadt Assur wiederauferstehen.

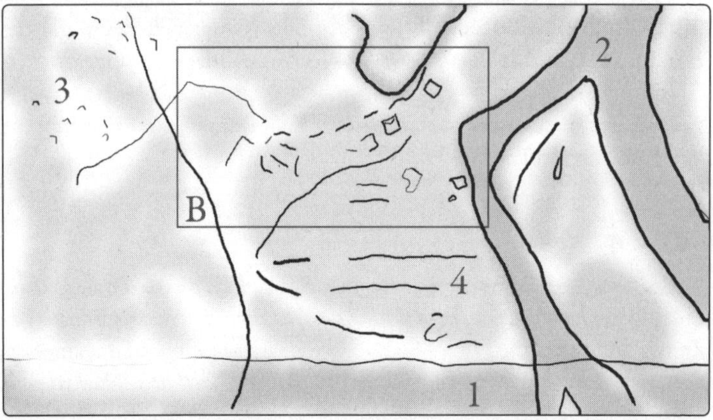

Assur (A): 35.4574N, 43.2598E – Sichthöhe: etwa 2 Kilometer. Assur liegt am westlichen Ufer des Tigris (2) im Norden des Irak; direkt an die historische Stadt schließt sich das heutige Dorf Kalat Scherkat an (3). Glücklicherweise liegt Assur gerade noch innerhalb eines Gebiets mit hoher Auflösung. Die Landschaft südlich von Assur ist nur noch ungenau erkennbar (1).

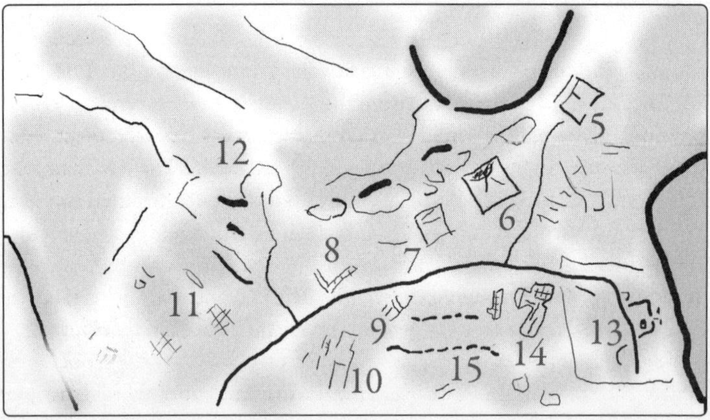

Assur (B): 35.4593N, 43.2587E – Sichthöhe: etwa 900 Meter. Türkische Kaserne/Assur-Tempel (5), Assur-Enlil-Turm (6), Alter Palast (7), Anu-Adad-Tempel (8), Sin- und Schamasch-Tempel (9), Ischtar-Tempel (10), Neuer Palast (11), Schutthalde (12), Grabungshaus (13), Friedhof und Palastgebäude (14), Suchgräben (15).

Aus der Luft gut zu erkennen sind die von Archäologen im Abstand von 100 Metern angelegten Suchgräben (4), um das Gelände systematisch zu erforschen. Wenn Sie näher heranzoomen, eröffnen sich die Ruinen der Tempel und Paläste dem Blick. Neben den Königen hatten hier an der Nordseite der Stadt alle Götter ihre irdische Heimat. Das Assyrische unterscheidet nicht zwischen *Tempel* und *Palast*, und so waren göttliche und menschliche Gewalten nebeneinander aufgereiht.

Türkische Kaserne/Assur-Tempel (5): Das deutlich erkennbare Gebäude mit dem quadratischen Grundriss ist eine türkische Kaserne aus der Zeit des Osmanischen Reiches. Es befindet sich über den Fundamenten des Assur-Tempels, dem mit 130 mal 50 Metern wohl ältesten Bauwerk. Das zentrale Heiligtum gab es schon, als die Stadt unter dem großen Herrscher Schamschi-Adad I. (1813 bis 1781 v. Chr.) eine Blütezeit erlebte. Dieser mächtige König gab dem Tempel des Stadtgottes Assur seine Gestalt, die er fast unverändert bis zum Untergang der Stadt behielt.

Assur-Enlil-Turm (Zikkurat) (6): Ein 30 Meter hoher Hügel ist von diesem Stufenturm übrig geblieben.

Unter dem **Alten Palast** (7) befand sich die Gruft Assurnasirpals II.

Sin- und Schamasch-Tempel (9): Vom Heiligtum des Mond- und des Sonnengottes ist fast nichts übrig. Die erkennbaren Umrisse stammen von einem Gebäude aus späterer Zeit und der Bau der Straße hat das Fundament des alten Tempels vollends zerstört.

Ischtar-Tempel (10): Auch dieser Tempel, der aus dem 3. Jahrtausend v. Chr. stammt, ist von späteren Bauten überdeckt. Nur an einer Stelle wurde den Ausgräbern ein Blick auf Überreste dieser frühen Epoche gewährt. Sie fanden einen Kultraum von 16 mal 6 Metern, in dem mehrere Statuetten gefunden wurden, die wohl stellvertretend für ihre Stifter die Kriegs- und Liebesgöttin Ischtar angebetet haben.

Den **Neuen Palast (11)** baute Tukulti-Ninurta I. Er regierte von 1244 bis 1208 v. Chr.

Kultstatuetten aus dem Ischtar-Tempel, ausgestellt im Berliner Pergamonmuseum.

Die gewaltige **Schutthalde** (**12**) zeigt, welche enormen Mengen Erdreich während der Ausgrabungen bewegt wurden. Im **Grabungshaus** (**13**) wohnten Walter Andrae und seine Mitarbeiter von 1903 bis 1914.

Friedhof und Palastgebäude (**14**)**:** Der irakische Antikendienst nahm in den 1970er- und 1980er-Jahren die Ausgrabungen wieder auf und legte verschiedene Privathäuser aus parthischer sowie neu- und mittelassyrischer Zeit frei. Seit 1998 sind irakische Archäologen in Assur wieder tätig; unter einem Friedhof aus heutiger Zeit wurde ein neuassyrisches Palastgebäude angeschnitten.

Suchgräben (**15**)**:** Die deutschen Ausgrabungen wurden 1988 durch Reinhard Dittmann von der Freien Universität Berlin wieder aufgenommen, und er legte eine weitere Tief-Sondage an. Nach Untersuchungen mit magnetischen Hilfsmitteln mussten die Grabungen aber wegen des Golfkrieges 1991 abgebrochen werden.

Assur ist seit 2003 Weltkulturerbe der UNESCO. Vor dem Irak-Krieg war Assur durch ein Staudamm-Projekt bedroht und wäre voraussichtlich 2007 überflutet worden. Daher steht Assur auch auf der *Roten Liste* der gefährdeten Stätten. Seit dem Krieg wurden die Arbeiten am *Makhul-Damm* nicht wieder aufgenommen, allerdings bleibt die Zukunft des Projekts unklar.

Ninive – Jonas ungeliebtes Reiseziel

Ninive war eine der wichtigsten Städte Assyriens – zuletzt, unter der Herrschaft Sanheribs und Assurbanipals, sogar Hauptstadt. Städtegründer Nimrod hat laut biblischem Bericht auch Ninive erbaut. Nach assyrischen Überlieferungen soll die Stadt dagegen um 1800 v. Chr. von der Göttin Ischtar gegründet worden sein.

Ninive wird in der Bibel noch mehrmals erwähnt: Als König Sanherib gegen Juda und Jerusalem in den Krieg zog (vgl. 2. Könige 18,13) sowie in den Gerichtsankündigungen der Propheten Jona, Nahum und Zefanja.

SANHERIB

Sanherib regierte von 704 bis 681 v. Chr. und machte Ninive zur Hauptstadt Assyriens. Er eroberte judäische Städte, Jerusalem belagerte er aber erfolglos. Nach einer Niederlage gegen Ägypten töteten ihn zwei seiner Söhne in Ninive. Ein weiterer Sohn, Assarhaddon, wurde König.

Die Geschichte Jonas ist Bibelkundigen bekannt: Etwa um 770 v. Chr. wurde der Prophet von Gott beauftragt, Ninive den baldigen Untergang vorherzusagen, sollten die Bewohner nicht ihre Bosheit (Jona 1,2) bereuen. Letztlich haben die Einwohner Ninives tatsächlich auf die Worte Gottes gehört und so wurden 120.000 Menschen vor dem Untergang verschont.

Doch 150 Jahre später war es Nahum, der erneute Prophezeiungen gegen Ninive aussprach: *»Der Stadt des Blutvergießens wird es furchtbar ergehen! Alles an dieser Stadt ist falsch. Sie ist voller Raub und das Plündern hört nicht auf. Es gibt kein Heilmittel gegen deinen Zusammenbruch, deine Verletzung ist tödlich. Alle, die hören, wie es dir ergeht, klatschen in die Hände! Denn wer hat nicht unter deiner ständigen Bosheit gelitten?« (Nahum 3,1.19).*

Und auch Zefanja sagte: Der HERR wird *»die große Hauptstadt Ninive zur verlassenen Einöde und zur unfruchtbaren Wüste machen« (Zefanja 2,13).*

Nach der Zerstörung Ninives durch die Meder und Babylonier im Jahr 612 v. Chr. wurde die Stadt nie wieder aufgebaut und verschwand bis ins 19. Jahrhundert im Dunkel der Geschichte.

Eine Entdeckung mit Hindernissen

Die Entdeckung Ninives war die Geburtsstunde der Assyrologie, jenem Spezialgebiet der Altertumswissenschaften, das sich mit der Geschichte des einstigen Großreiches beschäftigt und dessen Funde die Glaubwürdigkeit an vielen Stellen untermauern. Doch diese Pionierzeit war geprägt von Unannehmlichkeiten, Irrtümern, Konkurrenzkampf und Pech.

Der französische Konsulatsagent Paul-Emile Botta suchte 1840 gegenüber Mosul, am jenseitigen Ufer des Tigris, nach den Ruinen von Ninive, das manche Forscher dort vermuteten. Doch er fand: nichts! Dann hörte er von Funden im nahe gelegenen Dorf *Khorsabad* und engagierte sich dort. Gefunden wurde eine mächtige Palastanlage. Da die gefundenen Keilschrifttexte damals noch nicht entziffert werden konnten, glaubte Botta, es handle sich um Ninive – ein Irrtum: 1857, als die Texte endlich entziffert werden konnten, wurde das Bauwerk als Sargon-Burg identifiziert, assyrisch: *Dur Scharrukin*.

1845 begann der Brite Henry Layard, die abgebrochene Ausgrabung gegenüber Mosul fortzusetzen, und fand schon beim ersten Spatenstich auf dem *Tell Kujundschik* Überreste der gewaltigen Paläste von Ninive.

Als die Paläste von Assurbanipal und Sanherib gefunden wurden, kannte die Begeisterung keine Grenzen und in Europa begannen Wissenschaft und Bevölkerung, sich für die Ausgrabungen der aus der Bibel bekannten Stätten zu interessieren. Ein Wettlauf um die besten Funde begann. Wie damals üblich, wurden die Funde nach Europa geschafft: von den Engländern ins Britische Museum nach London; die Franzosen brachten ihre Schätze in den Pariser Louvre.

Ninive schenkte den Archäologen die größte Urkundensammlung der Antike: 22.000 Keilschrifttafeln aus dem Palastarchiv Assurbanipals wanderten ins Britische Museum, darunter das *Gilgamesch-Epos*.

Königliche Löwenjagd auf einem Relief aus den Palästen Ninives.

GILGAMESCH-EPOS

Das in Keilschrift überlieferte literarische Werk aus der Zeit der Sumerer ist eines der ältesten der Menschheitsgeschichte. Es besteht zum großen Teil aus Abschriften späterer Zeit, die in der Palastbibliothek des Assurbanipal in Ninive gefunden wurden. Wenige Fragmente wurden jedoch auch aus sumerischer Zeit entdeckt.

Das Epos besteht aus elf Tafeln mit insgesamt 3600 Verszeilen. Es erzählt von der großen Sintflut und beinhaltet eine Schöpfungsgeschichte. Und es beschreibt die Heldentaten des Gilgamesch, der um 2600 v. Chr. gelebt haben könnte und König der Stadt Uruk war.

In den Annalen der Stadt werden viele aus der Bibel bekannte Herrscher und Ereignisse erwähnt, darunter die Schlacht von Lachisch. Sanherib ließ die Eroberung der judäischen Stadt (vgl. 2. Könige 18,13ff) auf einem großen Relief bildlich festhalten.

Viele weitere Reliefplatten, die in den Königspalästen gefunden wurden, lassen die Archäologen heute ein eindrückliches und lebendiges Bild vom

Leben der Assyrer nachzeichnen. Religiöse Darstellungen waren in Ninive in der Minderheit: Die Meisterwerke assyrischer Bildhauerkunst sind zur Freude der Historiker überwiegend Bildannalen, chronologisch geordnete Aufzeichnungen von Ereignissen.

Die Ruinen von Ninive liegen gegenüber der Stadt Mosul am linken Ufer des Tigris. Mosul ist mit 1,7 Millionen Einwohnern die drittgrößte Stadt des Irak und liegt 350 Kilometer nördlich von Bagdad. Sie wird überwiegend von Kurden und aramäischen Christen bewohnt. Nach dem Irakkrieg verließen viele Menschen die Stadt und es gibt keine genaue Statistik über die heute in Mosul lebende Bevölkerung.

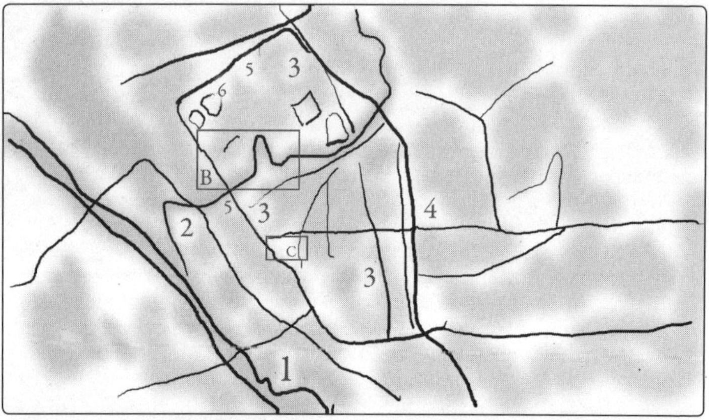

Ninive (A): 36.3514N, 43.1731E – Sichthöhe: etwa 9,9 Kilometer. Wenn man den Verlauf der alten Stadtmauer (3) Ninives kennt, sind die Umrisse der alten Stadt gut zu sehen. Aus 10 Kilometern Höhe erkennt man den Tigris (1), den Nebenfluss »Khosr« (2), der Ninive durchfließt, und auch den großen Verteidigungswall (4) im Osten. Im Norden der Stadt wurde ein Abschnitt der Mauer sowie das Adad-Tor (5) rekonstruiert. 700 Meter südwestlich steht das wuchtige Nergal-Tor (6).

Das **Nergal-Tor (6)** ist das am besten erhaltene der ehemals 15 Tore, die den Zugang zur Stadt gewährten. Das 416. Bataillon der amerikanischen *Civil Affairs*-Einheit half der irakischen Antiquitätenverwaltung, dieses Tor nach dem Irakkrieg zu restaurieren. Es enthält heute ein kleines Museum, in dem Modelle assyrischer Städte ausgestellt sind.

Ninive (B): 36.3598N, 43.1541E – Sichthöhe: etwa 1,4 Kilometer. Der Flusslauf des Khosr (2) führt in einer Schlaufe an den Palästen Assurbanipals (6) und Sanheribs (7a) vorbei. Leider sind die – auch schon unzulänglich durchgeführten – Ausgrabungen nicht gut erhalten geblieben, weshalb auch die Tempel der Ischtar und des Nabu nur undeutlich zu sehen sind (8). Das neuere Gebäude (7b) auf dem Areal stammt aus den 1960er-Jahren und ist ein Museum, das mehrere Räume des Sanherib-Palasts beherbergt, ein großer Öltank aus dem Zweiten Weltkrieg ist ebenfalls auf dem Gelände zu sehen. Die Einheit der US-Armee will in Zusammenarbeit mit der UNESCO diesen Tank entfernen und hat Sicherheitskräfte gegen Plünderungen stationiert, denen in den 1990er-Jahren und 2003 zahlreiche Schätze zum Opfer gefallen sind. Der Siedlungshügel, auf dem sich die Paläste und Tempel befinden, heißt Tell Kujundschik.

Der Palast des Sanherib (7a+b): Dieses monumentale Gebäude hatte 71 Zimmer und Hallen sowie 27 Eingänge, die Räume waren geschmückt mit geflügelten Löwen und Stieren. Lange Reihen von Reliefs zierten die Wände, die meisten von ihnen sind heute im Britischen Museum zu sehen.

Der Palast des Assurbanipal (6): Der Enkel Sanheribs hinterließ in seiner Residenz noch viele weitere Reliefs und Keilschrifttafeln, doch haben unzulängliche Grabungen diesen Palast fast vollständig zerstört.

Ninive (C): 36.3478N, 43.1613E – Sichthöhe: etwa 550 Meter. Weiter südlich liegt der »Tell Nebi Jenus«, auf dem sich heute das gleichnamige Dorf (10) und eine Moschee (9) befinden. Wegen der Moschee konnte Nebi Jenus archäologisch nicht näher untersucht werden. 1954 brachte eine Grabung allerdings ein palastartiges Gebäude zutage, das als Arsenal (Waffenlager) identifiziert wurde.

Das Dorf Nebi Jenus am Anfang des 20. Jahrhunderts. Die heutige Millionenstadt Mosul hatte sich damals noch nicht über den Tigris hinweg nach Osten ausgebreitet.

Nebi Jenus (10): Dieser Name bedeutet auf Arabisch *Prophet Jona*, bezieht sich also auf die auch im Koran überlieferte Geschichte des biblischen Boten Gottes. Angeblich befindet sich hier das Grab Jonas, zu seiner Ehre wurde die Moschee gebaut. Auf den bunten Kacheln, die den Innenhof der von Saddam Hussein zur eindrucksvollen Pilgerstätte ausgebauten Moschee schmücken, ist ein Koran-Zitat zu lesen: »*Jona ist wahrhaftig ein Gottgesandter.*« Das alte Dorf südlich des Heiligtums stand früher frei, heute ist es von Häuserblocks der Millionenstadt Mosul umgeben.

DREI TAGESREISEN FÜR FÜNF KILOMETER?

Wer Ninive mit dem Lineal in Google Earth ausmisst, wird feststellen, dass die gemessenen maximal fünf Kilometer Ausdehnung den in Jona 3,3-4 angegebenen drei Tagesreisen offensichtlich widersprechen.

Des Rätsels Lösung ist: In 1. Mose 10,12 wird der Ausdruck »die große Stadt« für vier Städte gebraucht: Ninive, Rehobot-Ir, Kelach und Resen. Der Gesamtumfang dieser vier Zentren des wahrscheinlich im Buch Jona gemeinten »Ninive-Bezirks« beträgt in der Tat knapp hundert Kilometer, was drei Tagesreisen entsprechen würde.

Dur Scharrukin – Die Sargon-Burg im Araberdorf

Wie schon erwähnt grub der Franzose Paul-Emile Botta in **Dur Scharrukin** und glaubte, hier Ninive entdeckt zu haben. Obwohl sich dies als falsch herausstellte, gaben die zahlreichen Funde beim Araberdorf *Khorsabad* neue Perspektiven auf biblische Ereignisse: Sargon II. berichtete in seinen Inschriften ausführlich über die Feldzüge nach Israel und die Einnahme Samarias (vgl. 2. Könige 17,6.24).

Einige Funde aus Dur Scharrukin versanken 1852 beim Transport nach Paris im Schatt al-Arab, dem Zusammenfluss von Euphrat und Tigris, und wurden nicht wiedergefunden. Artefakte von den Ausgrabungen bei Khorsabad befinden sich heute in Paris, London, Sankt Petersburg, Chicago und Bagdad.

Dur Scharrukin: 36.5098N, 43.2271E – Sichthöhe: etwa 800 Meter. Gegenüber dem arabischen Dorf Khorsabad hat man die Ruinen der Sargon-Burg (1) gefunden. Leider ist heute außer den Umrissen des Tells nicht mehr viel zu erkennen.

Die Residenz Sargons war keine Stadt, sondern eher eine Zitadelle mit einer Fläche von drei Quadratkilometern. Südlich und östlich des Tells, auf dem sich die eigentliche Burg befand, gab es weitere Gebäude sowie einen Nabu-Tempel. Die Spuren der Ausgrabungen sind heute weitgehend verwischt; seit den Ausgrabungen Bottas wurden die Ruinen der Sargon-Burg vernachlässigt und sind dem Zahn der Zeit und den Einflüssen der Wüste zum Opfer gefallen.

Der Palast war von einer mächtigen Mauer mit über 180 Türmen umgeben; beherrscht wurde Dur Scharrukin von einer 40 Meter hohen Zikkurat. Man nimmt an, dass die Sargon-Burg die größte Residenz war, die je ein Herrscher im Orient hat bauen lassen. Dur Scharrukin ist nur zwei Jahre lang Hauptstadt Assyriens gewesen: von der Fertigstellung der Burg bis zum Tod Sargons II. Sein Nachfolger Sanherib kehrte nach Ninive zurück, wahrscheinlich auch, weil Sargon im Krieg gegen die Kimmerer ums Leben kam und nicht bestattet werden konnte, was in Assyrien Bestürzung hervorrief.

SARGON II.

Sargon II. regierte von 722 bis 705 v. Chr. Er wird in Jesaja 20,1 namentlich erwähnt. Der Fall Samarias 722 v. Chr. fällt mit der Nachfolge auf seinen Vorgänger Salmanassar V. zusammen und es ist unklar, wer von beiden letztendlich nach einer dreijährigen Belagerung die Hauptstadt des Nordreichs eroberte. Wahrscheinlich erfolgte die Eroberung noch unter Salmanassar, Sargon verbuchte den Sieg jedoch für sich: als Auftakt einer beeindruckenden Bilanz militärischer Erfolge im Laufe seiner Regierungszeit. Vielleicht war Sargon als Befehlshaber unter Salmanassar auch maßgeblich an der Einnahme Samarias beteiligt.

Nimrud – Die Stadt des heldenhaften Kriegers Nimrod

Nimrod ist nach der Bibel ein Enkel von Noahs Sohn Ham. Er war *»der Erste, der Macht gewann auf Erden« (1. Mose 10,8; Luther).* Es wird vermutet, dass er sich gegen Gott auflehnte und dass auf seine Initiative hin mit dem Turmbau zu Babel begonnen wurde.

Auch in der griechischen Mythologie und im Islam ist davon die Rede, dass Nimrod einen Turm bauen wollte, um die Götter des Olymp beziehungsweise Allah zu stürzen. Die assyrische Mythologie kennt einen Gottkönig *Ninurta,* mit dem Nimrod wahrscheinlich identisch ist. Diese Zeugnisse verschiedener Kulturen untermauern, dass es sich bei Nimrod tatsächlich um eine historische Persönlichkeit handelt.

Nimrod war nach 1. Mose 10,10–12 Gründer der Städte Babel (Babylon), Erech (Uruk), Akkad, Kalne, Ninive, Rehobot-Ir, Resen und Kelach. Kelach erhielt wohl später den Namen **Nimrud.**

Nimrud liegt 30 Kilometer von Ninive abwärts des Tigris. Im Jahr 1846 begann dort Sir Austen Henry Layard mit Ausgrabungen. Ruinen großer Palast- und Festungsbauten kamen zum Vorschein. Wertvolle Kunstwerke, Reliefs und Inschriften brachten weiteres Licht in die Geschichte und Kultur Assyriens. Vor allem der zwei Meter hohe Schwarze Obelisk Salmanassars III. ist von Bedeutung für die biblische Archäologie: Als einer der vielen tributbringenden Vasallen Assyriens ist auf ihm *Jehu, Sohn des Omri,* erwähnt – Israels König, über den die Bibel ab 2. König 9 schreibt.

Im 9. Jahrhundert v. Chr. war Nimrud unter Assurnasirpal II. Hauptstadt des assyrischen Reiches. Gegründet wurde die Stadt schon im 13. Jahrhundert. 612 v. Chr. wurde sie – wie auch Ninive – zerstört.

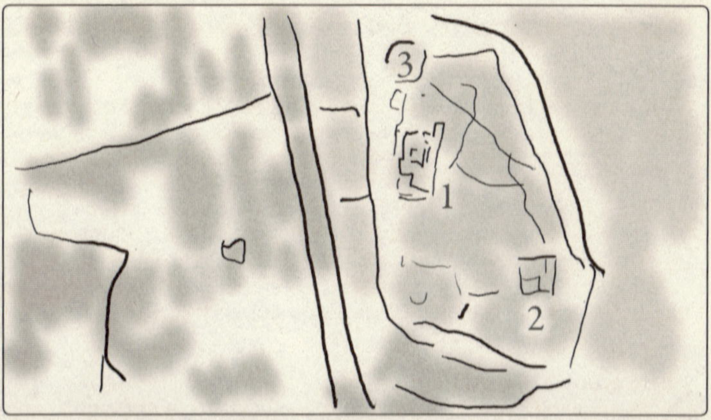

Nimrud: 36.0983N, 43.3255E – Sichthöhe: etwa 1,3 Kilometer. Große Palast- und Festungsbauten konnten die Ausgräber in Nimrud freilegen. Den Nordwest-Palast (1) erbaute Assurnasirpal II. (884 bis 858 v. Chr.). Dieser Palast wurde restauriert und dient als Museum. Ein weiterer Palast ist ebenfalls gut zu erkennen (2). Eine Zikkurat (3) überragt die alte Stadt am nördlichen Ende, sie wurde von Salmanassar III. erbaut und war zusammen mit einem angebauten Tempel dem Gott Ninurta geweiht. Leider blieben die Grabungsstätten von Plünderungen im Irak-Krieg 2003 nicht verschont.

Zwei adlerköpfige Götterwesen wenden sich dem »Heiligen Baum« zu. Assurnasirpal II. rühmt mit diesem Relief, das aus dem Nordwest-Palast in Nimrud stammt, seine Größe und seine Frömmigkeit.

SIND NIMROD UND NINURTA DIESELBE PERSON?

Einige Parallelen wie die Ähnlichkeit der Namen, die zeitliche Einordnung kurz nach der großen Flut sowie die Beschreibung als Held, Jäger und König legen den Verdacht nahe, dass es sich beim biblischen Nimrod und der mesopotamischen Gottheit Ninurta um dieselbe Person handeln könnte. Der historische Mensch Nimrod, der in der Bibel sehr zurückhaltend als bedeutende Persönlichkeit gewürdigt wird, wäre dann als Gründer Babyloniens und Assyriens vergöttlicht und in den alten Kulturen verehrt worden. Tatsächlich könnte dann die Stadt Nimrud mit ihrem Ninurta-Tempel der Ort gewesen sein, an dem dieser gewaltige Jäger angebetet wurde.

BIBLE-EARTH-TIPP:

Ein Besuch auf der Internetseite <www.bible-earth.net> lohnt sich: Dort werden wir regelmäßig neue Orte vorstellen und Änderungen im Datenbestand von GOOGLE EARTH kommentieren.

WEITERE KOORDINATEN IN MESOPOTAMIEN:

Borsippa: 32.3920N, 44.3417E – antike Stadt mit großer Zikkurat.
Akkad: 33.1015N, 44.0962E – alte Königsstadt, vermutete Lage.
Uruk: 31.3201N, 45.6349E – eine der ältesten sumerischen Städte, derzeit nur in schlechter Auflösung.
Mari: 34.4491N, 40.9170E – ein wichtiger sumerischer Stadtstaat, liegt heute in Syrien und zurzeit knapp jenseits einer Auflösungsgrenze in GOOGLE EARTH.
Ebla: 35.7981N, 36.7982E – ebenfalls in Syrien, bedeutender Fundort von Keilschrifttafeln.

Nachdem wir uns nun in Mesopotamien umgesehen haben, viel über Babylonien und Assyrien gelernt und zahlreiche Anknüpfungspunkte zur Welt der Bibel entdeckt haben, wollen wir uns nun noch älteren Epochen zuwenden: Schöpfung, Sündenfall und Sintflut werden von vielen ins Reich der Fantasie verbannt, doch es gibt eindrucksvolle Spuren von dieser biblisch bezeugten Frühgeschichte – in der heutigen Türkei und im Iran.

Genesis – Die Ursprünge der Menschheit

Eden – Suche nach dem Paradies

»Am Anfang schuf Gott den Himmel und die Erde« (1. Mose 1,1) – diesen Satz kennt fast jeder, mit ihm beginnt der Schöpfungsbericht der Bibel. Die Geschichte vom paradiesischen **Garten Eden** ist bekannt, obwohl sie von vielen in das Reich der Mythen und Legenden einsortiert wird.

Und trotzdem: Dieses Zeugnis von den Anfängen der Menschheitsgeschichte lässt sich mit archäologischen Erkenntnissen in Einklang bringen, sodass sogar das – sonst eher bibelkritische – Nachrichtenmagazin *Der Spiegel* in der Ausgabe vom 3. Juni 2006 schreibt: *»Seit Langem prüfen Wissenschaftler verschiedener Disziplinen, ob die Geschichte aus der Bibel einen historischen Kern hat – jetzt scheinen Archäologen fündig geworden zu sein.«* Beschrieben werden zum einen die Erforschungen des britischen Ägyptologen David Rohl, der die Ortsbezeichnungen der Bibel im Norden des Iran, am Urmiasee, wiederentdeckt hat. Zum anderen die Entdeckungen des Berliner Archäologen Klaus Schmidt, der in derselben Gegend die ältesten Bauerndörfer mit mehreren monolithischen Tempelbauten und die frühesten Spuren des Ackerbaus entdeckt hat. Darüber hinaus gibt es in den alten Hochkulturen Mesopotamiens auch schriftliche und bildliche Darstellungen biblischer Motive wie Schöpfung, Sündenfall und Sintflut.

Die geografischen Angaben der Bibel zum Garten Eden sind einfach und aus heutiger Sicht dürftig. Zu viele Jahrtausende trennen uns von den Ereignissen, zu wenig sind wir mit den Ortsangaben der Frühzeit vertraut. Doch David Rohl hat manche Angaben in altislamischen Schriftquellen und sogar in modernen Landschaftsnamen im Iran wiederentdeckt.

Siegel aus dem Britischen Museum in London. Alle drei Elemente des Sündenfalls sind auf diesem mesopotamischen Rollsiegel (um 2200 v. Chr.) enthalten: zwei Menschen, ein Baum und eine Schlange (Die zweite Schlange entsteht durch das Abrollen des Siegels, das Motiv wiederholt sich dann).

Sehen wir uns den Text aus 1. Mose 2,8–14 genauer an:
Dann pflanzte Gott, der HERR, einen Garten in Eden, im Osten gelegen. Dort hinein brachte er den Menschen, den er erschaffen hatte. Und Gott, der HERR, ließ alle Arten von Bäumen in dem Garten wachsen – schöne Bäume, die köstliche Früchte trugen. In der Mitte des Gartens wuchsen der Baum des Lebens und der Baum der Erkenntnis von Gut und Böse. Ein Fluss entsprang in Eden, der den Garten bewässerte und sich dann in vier Arme teilte. Einer dieser Arme heißt Pischon, der um das Land Hawila fließt, wo Gold zu finden ist. Das Gold jenes Landes ist außergewöhnlich rein; dort findet man auch Bedolachharz und den Edelstein Schoham. Der zweite Arm heißt Gihon, der um das Land Kusch fließt. Der dritte Arm ist der Tigris, der östlich von Assyrien fließt. Der vierte Arm heißt Euphrat.

Rohls Theorie besagt, Eden müsse im Gebiet des heutigen Iran liegen, genauer gesagt in der westiranischen Provinz Aserbaidschan – nicht zu verwechseln mit dem angrenzenden Staat Aserbaidschan – sowie dem Gebiet Kurdistan. Kerngebiet des sich über ein weites Gebiet erstreckenden »Gartens« ist nach dieser Theorie das Tal um die Stadt Täbris, zwischen dem Urmiasee und dem Kaspischen Meer gelegen.

Eden (Übersicht): 38.1782N, 43.5216E – Sichthöhe: etwa 900 Kilometer. Das Gebiet zwischen Euphrat und dem Kaspischen Meer könnte Schauplatz der Schöpfung des Menschen gewesen sein.

Der Euphrat ist der modernen Welt bekannt. Und er war immer bekannt; mit seiner Länge von 2736 Kilometern ist er der längste Strom Vorderasiens. Daher hielt es Mose auch nicht für nötig, eine nähere geografische Beschreibung hinzuzufügen, wie er es bei den drei anderen Flüssen tat. Der Euphrat entspringt im Südosten der Türkei und fließt durch das türkische Bergland, danach durch Syrien und den Irak. Er vereinigt sich schließlich mit dem Tigris zum Schatt al-Arab, der nach 193 Kilometern in den Persischen Golf mündet und die Grenze zwischen dem Iran und dem Irak bildet.

Auch der Tigris, der *»östlich von Assyrien«* fließt, ist heute noch bekannt. Er ist 1899 Kilometer lang, entspringt im Zagros-Gebirge im Süden der heutigen Türkei, fließt an der Grenze zu Syrien entlang, danach ebenfalls durch den Irak und mündet schließlich zusammen mit dem Euphrat in den Persischen Golf. Nach Euphrat und Tigris ist das »Zweistromland« benannt, in dem sich einige der ersten Hochkulturen bildeten, was auch außerbiblische Quellen belegen.

Der an zweiter Stelle im biblischen Bericht erwähnte Strom, der Gihon, ist heute unbekannt und eine Suche auf der Landkarte endet ohne Ergebnis. Und doch – der Gihon ist nicht ganz verschollen: Der Fluss Araks war in frühislamischer Zeit als Gaihun bekannt und fließt ins Kaspische Meer. In Karten des vergangenen Jahrhunderts werden die beiden Bezeichnungen noch gleichgesetzt.

Nun fehlt noch der erste Strom: Pischon, der um das Land Hawila fließt. Es wurde schon vermutet, dass es sich um einen Fluss handelt, der am Pontischen Gebirge in der Türkei ins Schwarze Meer fließt. Die Quellen aller vier Flüsse wären dann ziemlich kompakt im selben Gebiet. David Rohl glaubt hingegen, dass der Qezel Uzun (Kisil Usen) gemeint ist. Auch er hat seinen Ursprung in diesem Gebiet. Er entspringt östlich des Urmiasees und mündet schon nach wenigen Kilometern ins Kaspische Meer. Interessant an dieser Interpretation ist, dass die Flüsse nun der Größe nach geordnet sind, der erste Strom ist der kleinste, der vierte – der Euphrat – der größte.

Eden und die Wiege des Ackerbaus

Es gibt aber noch ein Problem mit dem Bibeltext: Von Eden soll ein Strom ausgegangen sein, der sich in *»vier Arme«* teilte. Auch hier wurde eine Erklärung gefunden: Dieser Hauptstrom könnte der Meidan Chay sein, der durch die Stadt Täbris in den Urmiasee fließt. Das Wort im hebräischen Urtext bedeutet »Quellort« oder »Kopf«, nach damaligem Verständnis könnte der Urmiasee als Quellbecken der vier Paradiesflüsse verstanden worden sein. Das Motiv von zwei oder vier Strömen als Quellorte einer Gottheit findet sich bei verschiedenen früheren Völkern in Vorderasien. Vielleicht haben sich aber auch die geologischen Zusammenhänge seit damals verändert.

KOORDINATEN:

Täbris (Übersicht): 38.0819N, 46.2950E

Im Zentrum Edens angelangt, führt der virtuelle Flug in die Millionenstadt Täbris. Seit Ende 2006 bildet GOOGLE EARTH die Stadt und Teile der Umgebung hochauflösend ab und man sieht schön die bergige Gegend im einstigen »Paradies«. Täbris ist die Hauptstadt der iranischen Provinz Ost-Aserbaidschan und ein wichtiges kulturelles Zentrum. Die Stadt mit ihren 1,3 Millionen Einwohnern ist bekannt für ihre Teppichherstellung, Silber- und Lederarbeiten sowie für ihre Universitäten. Erdbeben zerstörten die meisten historischen Monumente der Stadt. Die Blaue Moschee aus dem Jahre 1465 wurde restauriert und ist neben der Ruine einer Zitadelle die bekannteste Sehenswürdigkeit der Stadt.

KOORDINATEN:

Täbris (Blaue Moschee): 38.0734N, 46.3010E
Täbris (Zitadelle): 38.0725N, 46.2890E
Vulkan Sahand: 37.7067N, 46.3631E
Urfa/Edessa: 37.1690N, 38.7824E
Haran: 36.8643N, 39.0322E
Göbekli Tepe: 37.2094N, 38.9157E

Südlich der Stadt Täbris liegt der Vulkan Sahand mit 4000 Metern Höhe, den Rohl mit dem Berg Gottes in Verbindung bringt, der laut Hesekiel 28,12–16 im Paradies existiert haben muss.

Interessant sind die Erforschungen im sogenannten Kerngebiet des Ackerbaus: Nahe Urfa und Haran in der heutigen Türkei liegt der Göbekli Tepe (deutsch: Nabelberg), der nach neuesten Erkenntnissen die älteste Tempelanlage der Welt enthält. Auf der Kuppe des kahlen Hügels standen einst dicht an dicht Heiligtümer, von denen der Archäologe Klaus Schmidt bereits vier ausgegraben hat. Die Standorte von sechzehn weiteren wurden mit Magnetometern ausfindig gemacht und sollen ebenfalls noch freigelegt werden. Nach den Vermutungen der Wissenschaftler sind die Tempel älter als alle menschlichen Dörfer überhaupt und sollen aus einer Zeit stammen, in der die Menschen sich noch nicht vom Ackerbau, sondern ausschließlich vom Jagen und Sammeln ernährten. Über die Religion, die dort ausgeübt wurde, ist noch nichts bekannt, gefunden wurde aber eine »Paradiesplakette« mit der Abbildung eines Baumes und einer Schlange. Die angebeteten Götter scheinen sich auch von den Götzen der Sumerer zu unterscheiden. Vielleicht wussten diese Gläubigen noch von dem einzigen Gott, der die Menschen als Mann und Frau im Garten Eden erschaffen hat, bevor sich in der frühen Zivilisation die in der Bibel erwähnte Abkehr von Gott ausgebreitet hat.

DAVID ROHL

David Rohl ist ein britischer Ägyptologe und Archäologe. In Deutschland ist er vor allem durch seine Suche nach dem Garten Eden bekannt geworden, von der das ZDF und »Der Spiegel« ausführlich berichteten.

Zwischen dem Urmiasee und dem Kaspischen Meer, wo heute die Stadt Täbris liegt, hat David Rohl geografische Verhältnisse vorgefunden, die überraschend genau mit der biblischen Überlieferung übereinstimmen.

Nach der biblischen Chronologie hat sich die Vertreibung aus dem Paradies um etwa 5000 v. Chr. ereignet. Zu jener Zeit hat nach anthropologischen Erkenntnissen die »neolithische Revolution« stattgefunden: Die Jäger und Sammler hätten damals ihr Nomadenleben aufgegeben, erste Hochkulturen seien entstanden.

In Keilschrifttexten und auf Tontafeln hat Rohl aus der Bibel bekannte Begriffe und Symbole in eben jener Gegend wiederentdeckt und identifiziert.

Außerdem hat sich David Rohl in Zusammenarbeit mit mehreren Fachkollegen mit der ägyptischen Chronologie befasst. Ihre Vorschläge dazu sind im Kapitel **Ägypten** von Bedeutung (siehe ab S. 55: Probleme mit der Chronologie).

Ararat – Am Landeplatz der Arche

Wo Noah seine Arche gebaut hat, wissen wir nicht. Doch für das Ende der Sintflut nennt uns die Bibel einen Ort, an dem die acht Überlebenden in ihrem *»Kasten von Tannenholz« (1. Mose 6,14; Luther)* gelandet sind: *»Nach 150 Tagen begann das Wasser allmählich zu sinken. Und am 17. Tag des siebten Monats lief das Schiff auf den Berg Ararat auf« (1. Mose 8,3–4).*

Der Gipfel des Ararat ist von ewigem Eis bedeckt.

Das Gebirge **Ararat** türmt sich mächtig im Grenzgebiet zwischen der Türkei, Armenien und dem Iran empor. Der Große Ararat – ein erloschener Vulkan – ist 5137 Meter hoch. Sein türkischer Name Agri Dagi bedeutet »Schmerzensberg«. Der Ararat wurde 1829 von J. J. Friedrich Parrot aus Estland erstmals bestiegen.

Immer wieder war und ist der Ararat das Ziel abenteuerlicher Expeditionen auf der Suche nach Resten der Arche Noah. Bibelforscher hoffen, dass sich im Gletschereis nach Tausenden von Jahren noch Reste des Schiffes befinden.

Am 6. Juli 1955 soll Fernand Navarra in einer Gletscherspalte in 4300 Metern Höhe am Berg Ararat einen Balken der Arche Noah gefunden haben.

Verschiedene Experten-Analysen haben ergeben, dass es sich um ein handbearbeitetes Hartholz (Eiche) handelt, das etwa 5000 Jahre alt sei.

Ross Patterson aus Neuseeland glaubt, anhand von Satellitenbildern und früheren Expeditionen belegen zu können, dass die Arche in einer Höhe von 2000 Metern im Eis eingeschlossen sei. Andere erklären die bekannte Erhebung im Gletscher, die den in der Bibel angegebenen Maßen der Arche ähnelt, als natürliches geologisches Phänomen.

Der ehemalige amerikanische Astronaut James Irvin reiste in den 1980er-Jahren sechsmal in die Osttürkei, um die Arche zu finden, und viele weitere Forscher wollten ebenfalls die biblische Geschichte mit harten Fakten beweisen, bisher ohne eindeutigen Erfolg.

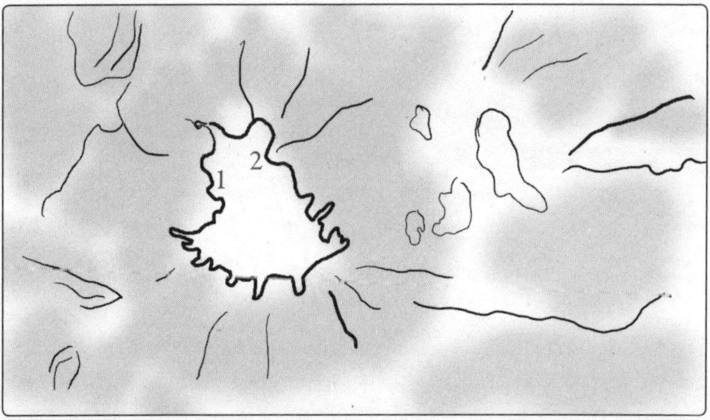

Ararat: 39.7092N, 44.3123E – Sichthöhe: etwa 12 Kilometer. Der Gipfel des Ararat und mögliche Landeplätze (1, 2) der Arche Noah.

Falls Google Earth eines Tages hochauflösende Bilder des Berges Ararat ins Netz stellen sollte, kann man vielleicht selbst die Arche entdecken! Die mit 1 und 2 markierten Stellen sind Stätten, an denen verschiedene Forscher jeweils annehmen, dass die Arche dort gelandet ist.

Alternativen

Es gibt noch (mindestens) zwei weitere Orte, die mit der Suche nach Noahs Arche in Verbindung stehen:

Durupinar: Nach dem türkischen Luftwaffenkapitän Ilhan Durupinar wurde eine geologische Formation in der Osttürkei benannt, die an einen Schiffsrumpf erinnert. Der Pilot entdeckte die Stelle, als er 1959 für die NATO die Gegend aus der Luft kartografierte.

Cudi Dagi: Der Koran nennt als Landeplatz der Arche den Berg Cudi. David Rohl hat diese Möglichkeit ins Visier genommen und bevorzugt sie aufgrund seiner Untersuchung alter Handschriften.

KOORDINATEN:

Durupinar: 39.4405N, 44.2346E
Cudi Dagi: 37.3818N, 42.5022E

Ägypten – Im Reich der Pharaonen

Ägypten fasziniert. Pyramiden, Hieroglyphen, Mumien. Kairo, Gizeh, Theben. Ramses, Tutanchamun, Kleopatra.

Das sind alles weltbekannte Begriffe, deren Zauber Kinder und Erwachsene, Laien und Wissenschaftler begeistert. In unserer verweltlichten westlichen Gesellschaft hat die Faszination, die von Ägypten ausgeht, längst die Leidenschaft für die Geschichte des alten Israel abgelöst. Die Bibel gilt heute vielen als Buch voller Mythen und Legenden, deren wahrer Kern in der Bedeutungslosigkeit versunken zu sein scheint. Dagegen verkörpern die Inschriften, Reliefs und Grabbeigaben der Pharaonen einen authentischen Einblick in eine geheimnisvolle Zeit.

Die Cheops-Pyramide ist fast 140 Meter hoch und damit die höchste Pyramide der Welt. Sie gehört mit den anderen beiden Pyramiden von Gizeh zu den Sieben Weltwundern der Antike.

Dabei ist es gerade Ägypten, das eng mit den Ereignissen der Bibel verbunden ist, und bei genauem Hinsehen untermauern die Forschungsergebnisse durchaus die Zuverlässigkeit der biblischen Schreiber.

In der Bibel begegnet uns das Reich am Nil, als Abraham mit seiner Frau Sara – die er als seine Schwester ausgibt – während einer Hungersnot nach Ägypten flieht. Viel erfährt man nicht über das Land, nur dass der Pharao ein mächtiger Mann gewesen sein muss: Er schenkte Abraham Schafe, Kühe, Esel, Kamele und Sklaven (vgl. 1. Mose 12,16). Die Hungersnot konnte Ägypten – dem traditionellen Kornspeicher der Antike – scheinbar nichts anhaben.

ABRAHAMS SCHWESTER

Abraham gibt zweimal seine Frau Sara als seine Schwester aus: in Ägypten (vgl. 1. Mose 12,13) und bei Abimelech (vgl. 1. Mose 20,2). Er hat damit zwar die Wahrheit – dass sie seine Frau ist – verschwiegen, aber offenbar keine Lüge erzählt. Vor Abimelech rechtfertigt er sich: »Übrigens ist sie tatsächlich meine Schwester. Wir haben beide denselben Vater, aber verschiedene Mütter, und ich habe sie geheiratet« (1. Mose 20,12). Erst in den Gesetzen Moses hat Gott die Heirat einer Schwester verboten (vgl. 3. Mose 18,9).

Als Josef von seinen Brüdern als Sklave nach Ägypten verkauft wird, ernennt ihn der Pharao schon bald zu seinem Stellvertreter – eine steile Karriere. Wieder herrschte im Vorderen Orient eine Hungersnot und Josef versorgte sowohl Ägypten als auch Israel mit Nahrung. Mehrere Hundert Jahre biblischer Geschichte spielen sich nun im Land der Pyramiden ab. Josefs Brüder und sein Vater Jakob lassen sich später ebenfalls im Nildelta nieder und aus den zwölf Brüdern entstehen die zwölf Stämme Israels. Ein Volk, dessen Größe mehrere Generationen später zur potenziellen Bedrohung für den damaligen Pharao wird: Er lässt die Hebräer versklaven und schließlich sogar ihre Kinder ermorden.

Doch eines dieser Kinder entkommt in einem Schilfkorb, wächst am ägyptischen Hof auf und wird zum Befreier der Israeliten aus der Sklaverei: Mose.

Was folgt, ist bekannt: die zehn Plagen, die Flucht durch das Schilfmeer, vierzig Jahre in der Wüste, die Gebote am Sinai, schließlich die Eroberung des verheißenen Landes Kanaan (vgl. 2. Mose).

Später hört man immer wieder von Ägypten: In den politischen Verflechtungen der Reiche im Vorderen Orient hat das Land eine wichtige Rolle gespielt.

925 v. Chr. unterjochte Pharao Schischak die Könige von Israel und Juda. Jahrhunderte später suchten Israels Könige vergeblich die Unterstützung Ägyptens gegen die Assyrer und die Babylonier.

Nachdem das selbstbewusste Großreich der Pharaonen schon längst im Römischen Reich aufgegangen war, tauchte es im Neuen Testament noch einmal auf: Maria und Josef flohen mit dem kleinen Jesus vor den Gräueltaten des Königs Herodes – wieder einmal griff ein besessener Herrscher aus nackter Angst um seine Macht zu einem schrecklichen Mittel: dem massenhaften Mord an kleinen Kindern (vgl. Matthäus 2,13–18)!

Der heutige Staat Ägypten bedeckt eine Fläche von einer Million Quadratkilometern, allerdings sind davon nur fünf Prozent dicht besiedeltes Kulturland im Niltal und im Nildelta; der Rest ist Wüste. Das Land hat 77,5 Millionen Einwohner und grenzt an Israel, Libyen und den Sudan sowie an das Mittelmeer und das Rote Meer. Die Hauptstadt Ägyptens ist Kairo.

Probleme mit der Chronologie

»Das Alte Testament ist als historische Quelle ohne jeden Wert.« Zu diesem Schluss sind viele Wissenschaftler und auch Theologen heute gekommen, weil sich scheinbar zu weniges von dem, was in der Bibel überliefert ist, archäologisch belegen lässt.

Im 19. Jahrhundert war die Sichtweise grundlegend anders: Das einzige Ziel der Forscher im alten Ägypten war, die Ereignisse der Heiligen Schrift zu bestätigen. Ob Engländer, Franzosen, Deutsche oder sogar der Vatikan – das wichtigste Motiv für die oft waghalsigen Expeditionen in den Orient war, archäologische Beweise für die Glaubwürdigkeit der Bibel zu finden.

Und nun, nach fast 200 Jahren Forschung: kaum Belege für die frühe biblische Überlieferung, dafür jede Menge Widersprüche, die durch die Archäologie zum Vorschein gekommen sind?

Die in der Bibel beschriebene Pracht der Königreiche Davids und Salomos, die gewaltsame Einnahme Jerichos und weiterer kanaanitischer Städte durch Josua – es scheint für grundlegende Geschehnisse biblischer Geschichte keine wissenschaftlichen Belege zu geben!

Genaue Zeitangaben zu alttestamentlichen Ereignissen zu machen, ist schwierig, wenn man den Angaben der Bibel selbst nicht vertrauen will. Die zeitliche Einordnung wurde – vereinfacht dargestellt – auf folgende Art und Weise vorgenommen:

Aus der Zeit Davids, Salomos und der noch früheren Geschichte Israels konnten bisher keine Inschriften gefunden werden, die zur klaren chronologischen Bestimmung verwendet werden können. Daher bestimmt man die archäologischen Grabungsschichten unter anderem nach bestimmten Keramikfunden, Amuletten und anderen Funden, die für eine Epoche typisch sind. Werden solche Gegenstände zum Beispiel in Ägypten wiedergefunden und lassen sie sich eindeutig einem Pharao zuordnen, kann die Chronologie Israels mit der Ägyptens an solchen Stellen synchronisiert werden.

Genaue Datumsangaben, die man aufgrund astronomischer Berechnungen oder gut bezeugter geschichtlicher Ereignisse zu wissen glaubt, erlauben zusammen mit den Regierungszeiten von Pharaonen, die man von einigen Königslisten her kennt, die Bestimmung von Jahreszahlen. Hinweise in der Geschichte des alten Ägypten auf vermutliche Zusammenhänge mit der Bibel legen die Einordnung in eine bestimmte archäologische Epoche nahe. So nehmen heute viele Archäologen an, dass Israel zur Zeit von Pharao Ramses II. aus Ägypten ausgezogen ist. Für ihn wurde die Stadt »Ramses« gebaut, so spekuliert man, ohne dafür konkrete Belege aus jener Zeit zu haben.

Vierzig Jahre später müssten die Israeliten in Kanaan angekommen sein. Da man aber in den vermuteten Schichten aus dem Ende der Späten Bronzezeit um 1200 v. Chr. keine Spuren einer gewaltsamen Eroberung finden konnte, wie sie in der Bibel beschrieben ist, geht man davon aus, dass das Gelobte Land friedlich und schleichend in Besitz genommen wurde. Die Glaubwürdigkeit der Bibel ist somit für viele Forscher infrage gestellt, bis hin zu der Feststellung des Archäologen Israel Finkelstein: *»Den Auszug aus Ägypten, die Einnahme Kanaans, das Großreich unter König David und den Tempelbau in Jerusalem unter König Salomon gab es ebenso wenig wie die Posaunen vor Jericho. Jerusalem unter David und Salomon war ein größeres Dorf – sicher ohne zentralen Tempel und großen Palast.«*

Doch dank der Untersuchungen mehrerer Forscher, die die Bibel ernst nehmen wollen, wie zum Beispiel John Bimson, Peter van der Veen, Uwe Zerbst und David Rohl, macht sich ein Verdacht breit: Die Archäologen haben zwar an den richtigen Plätzen nach Belegen für die Erzählungen der Bibel gesucht – aber in den falschen Epochen. Neue Überlegungen zur Chronologie Ägyptens liefern überraschende Erkenntnisse, und die Spurensuche unter der Voraussetzung einer alternativen Datierung bringt uns den Menschen der Bibel und ihren Erlebnissen einen entscheidenden Schritt näher. So glaubt der Ägyptologe David Rohl sogar, eine Statue des Großwesirs Josef gefunden zu haben.

Folgt man diesen neuen Überlegungen, verschiebt sich die Zuordnung der ägyptischen zur israelitischen Zeitrechnung um über 200 oder gar 350 Jahre. Plötzlich passen mehrere archäologische Befunde erstaunlich gut zur biblischen Überlieferung. Wer mehr darüber erfahren möchte, findet in den Büchern »Biblische Archäologie am Scheideweg?« und »Keine Posaunen vor Jericho?« (siehe Anhang) die ganze wissenschaftliche Bandbreite der Diskussion.

Die traditionelle Chronologie des Alten Ägypten teilt die Geschichte in drei Reiche auf, die weiter unterteilt sind. Insgesamt kennt sie 31 Herrscher-Dynastien. Es gibt aber auch Abweichungen in den Einteilungen und Zeitangaben, die kleine Details betreffen. Die folgende Aufstellung ist dem »dtv-Atlas Weltgeschichte« und dem Buch »Lexikon der Pharaonen« von Thomas Schneider entnommen:

DIE GESCHICHTE ÄGYPTENS

1. und 2. Dynastie von ca. 3000 bis 2850 v. Chr.
• Thinitenzeit (Isolierung anderen Völkern gegenüber, Bau von Königsgräbern)

Altes Reich und Erste Zwischenzeit von 2850 bis ca. 2000 v. Chr.
• Pyramidenzeit (Bau von Pyramiden und Heiligtümern)
• Erste Zwischenzeit (Einheit des Staates zerfällt)

Mittleres Reich und Zweite Zwischenzeit von ca. 2000 bis 1540 v. Chr.
• 12. Dynastie (Bau großer Tempelanlagen, größte Ausdehnung und Glanzzeit des Reiches)
• Zweite Zwischenzeit (Innenpolitische Wirren und Einfall der Hyksos-Fremdherrscher)

Neues Reich und Dritte Zwischenzeit von 1540 bis 715 v. Chr.
• Große Machtentfaltung unter Ahmose, Amenophis I. und Thutmosis I. sowie Königin Hatschepsut.
• Größte Ausdehnung des Neuen Reiches unter Thutmosis III. (1480 bis 1448 v. Chr.)
• Amenophis IV., Nofretete, Tut-Ench-Amun und Echnaton regieren im 14. vorchristlichen Jahrhundert
• Ramses II., der als Zeitgenosse des biblischen Mose gilt
• Während des Neuen Reiches werden riesige Tempelbauten errichtet, z. B. in Karnak und Luxor, auch die Kunst bringt Erstaunliches hervor, wie die Köpfe Echnatons und der Nofretete.
• Dritte Zwischenzeit (1070 bis 715 v. Chr.)
• Libysche Fremdherrschaft, geteiltes Ägypten

Die Spätzeit von 715 bis 332 v. Chr.
• Fremdherrschaft durch Äthiopier, Assyrer. Im 7. Jahrhundert kann sich Ägypten noch einmal befreien und wird Seemacht.
• 525 wird Ägypten zur persischen Provinz und 332 v. Chr. erobert schließlich Alexander der Große das Land.

Peter van der Veen und Uwe Zerbst liefern in ihrem Buch »Biblische Archäologie am Scheideweg?«, wie auch David Rohl in »Pharaonen und Propheten«, viele Belege für wahrscheinliche Fehler in dieser herkömmlichen Chronologie: Zum Beispiel stellen sie fest, dass die Gleichsetzung Scheschonqs I. mit dem biblischen Schischak (1. Könige 11,40) keineswegs gesichert ist. Obwohl der biblische Pharao Schischak Jerusalem als

Hauptziel seiner Militärkampagne wählte, wird die judäische Hauptstadt nirgendwo in den Annalen Scheschonqs erwähnt. Vielleicht ein Hinweis darauf, dass die Dritte Zwischenzeit viel kürzer war und in dieser Zeit teilweise mehrere Königshäuser gleichzeitig regierten (zum Beispiel die 21. bis 25. Dynastie).

Pharao Oskoron II. (Mitte): Sein Grab in Tanis weist darauf hin, dass die 21. und 22. Dynastie während eines beträchtlichen Zeitraums gleichzeitig herrschten. Allein diese Erkenntnis verkürzt die Dritte Zwischenzeit um 141 Jahre.

KOORDINATEN:

Tanis: 30.9774N, 31.8804E

Falls es nun tatsächlich zutrifft, dass die ägyptische Chronologie »verkürzt« werden muss, so würde daraus eine bessere Verbindung zwischen Archäologie und den biblischen Geschichten der Erzväter bis zu den frühen Königen Israels (ca. 200 bis 900 v. Chr.) erfolgen! Bei Verkürzung um 200 oder mehr Jahre würden sich ganz neue Parallelen ergeben.

Nachdem David Rohl viele Unstimmigkeiten ausgeräumt hat, kommt er zu interessanten Feststellungen:

• Pharao Schischak (925 v. Chr.) ist mit einem ramessidischen Pharao gleichzusetzen, möglicherweise mit Ramses III. (1180 v. Chr. nach traditioneller Chronologie) oder gar mit Ramses II. (ca. 1180 v. Chr. – traditionell). Beide Pharaonen kämpften gegen Gebiete in Juda und beide trugen den Kurznamen »Sisa«.

• Wenn Salomo (10. Jahrhundert v. Chr.) in der Späten Bronzezeit regierte (1300 bis 1200 v. Chr. nach traditioneller Chronologie) und nicht wie bisher angenommen in der Eisenzeit, so spiegeln archäologische Funde aus dieser Zeit wie Monumentalbauten in Hazor, Megiddo und Jerusalem sowie Elfenbein- und Edelsteinschätze das in der Bibel beschriebene Großreich wider.

• Das biblische Jericho ist gleichzusetzen mit den Überresten der Stadt am Ende der Mittleren Bronzezeit, die durch ein Erdbeben und anschließend durch einen Brand verwüstet wurde und danach mehrere Hundert Jahre lang eine Ruine blieb. Nach der traditionellen Chronologie wurden Spuren der Zerstörung einer befestigten Stadt in der Späten Bronzezeit gesucht, aber nicht gefunden.

• Josef war ein mächtiger ägyptischer Wesir während der 12. Dynastie im Mittleren Reich, der in der Stadt Avaris im Land Goschen gelebt hat und dort begraben wurde.

Hauptsächlich in Avaris siedelten die Israeliten in den folgenden Jahrhunderten. Den Ausgrabungen dieser Stadt wollen wir uns nun zuwenden.

Avaris – Die Heimat der Hebräer

Avaris ist die griechische Bezeichnung einer antiken Stadt im Nildelta. Beim Dorf Tell el-Dab'a gräbt Manfred Bietak vom Österreichischen Archäologischen Institut seit 1966 nach den Ruinen der alten Stadt. Auch im zwei Kilometer nordöstlich liegenden Pi-Ramesse (»Haus des Ramses«) hat sein Grabungsteam maßgebliche Arbeit geleistet.

Die traditionelle Wissenschaft betrachtet Avaris als Siedlung, die sich im Verlaufe der 12. Dynastie im Mittleren Reich zu einer bedeutenden Stadt entwickelt hat. Während der Zweiten Zwischenzeit (um 1648 v. Chr.) hätten die Hyksos Avaris zu ihrer Hauptstadt gemacht. Die Hyksos waren ein semitisches Volk, das Ägypten in dieser Zeit eroberte und Pferde, Streitwagen und Bogen als neue, überlegene Kriegswaffen verwendete.

Nach David Rohls Erkenntnissen, die er über Avaris gewonnen hat, hätte man hier den Palast eines uns bekannten ägyptischen Großwesirs gefunden: Dieser Großwesir hieß Zafenat-Paneach, besser bekannt unter seinem hebräischen Namen Josef! Der Pharao, der zur Zeit Josefs herrschte, ließ seinen Stellvertreter – zu dem er Josef gemacht hatte – mit seiner Familie in einem fruchtbaren Landstrich wohnen: *»Das ganze Land steht dir zur Verfügung. Lass deine Familie im besten Teil Ägyptens wohnen – sie können sich in der Provinz Goschen niederlassen« (1. Mose 47,6).* Nach David Rohl war dieser Pharao Amenemhet III. und Avaris beherbergte den Palast des biblischen Patriarchen.

Jahrhunderte später, als aus Josef und seinen Brüdern ein großes Volk geworden war, hatten sie sich im ganzen Nildelta ausgebreitet, doch die Provinz Goschen war immer noch das Hauptgebiet der Israeliten. Weitere Ortsbezeichnungen aus der Bibel sind die beiden Vorratsstädte Pitom und Ramses, die sie in Sklavenarbeit bauen mussten. Das schon erwähnte Pi-Ramesse gilt als die in der Bibel erwähnte Vorratsstadt Ramses. Pitom dagegen kann nicht eindeutig zugeordnet werden.

Avaris (A): 30.7954N, 31.8363E – Sichthöhe: etwa 4 Kilometer. Die Städte Avaris (1) und Pi-Ramesse (2) lagen am Ostufer des östlichen Pelusischen Nilarms, in der Nähe des heutigen Städtchens As Sama'inah (3). Heute durchziehen zahlreiche künstlich angelegte Kanäle (4) den Landstrich.

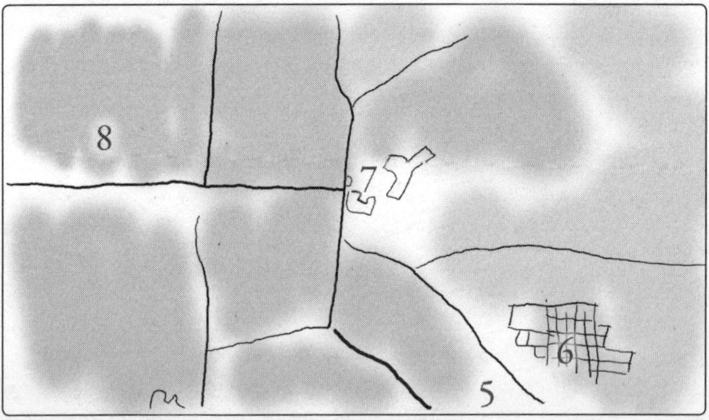

Avaris (B): 30.7875N, 31.8204E – Sichthöhe: etwa 650 Meter. Direkt nördlich des heutigen Dorfes Tell el-Dab'a (5) erkennt man aus der Luft schön die Grabungsquadrate der Ausgrabungen in Areal A (6). Hier wurden 32 Gräber gefunden. Richtung Westen ist das Grabungshaus (7) zu sehen. Areal F (8), in dem der Ägyptologe Rohl Josefs Palast identifiziert, ist leider schwer zu erkennen, denn es ist inzwischen im Agrarland verschwunden.

KOORDINATEN:

Avaris (Areal A): 30.7860N, 31.8226E
Avaris (Areal F – »Josefs Palast«): 30.7880N, 31.8173E

Grabungsleiter Professor Manfred Bietak hält übrigens Rohls Thesen für »schlichte Fantasie«. Auch dessen neue Chronologie, die zu vielen Übereinstimmungen mit der Bibel führt, wird von den meisten Wissenschaftlern abgelehnt. Das hat aber vor allem damit zu tun, dass sie der Überzeugung sind, die fünf Bücher Mose seien in ihrer heute bekannten Form erst Mitte des 1. Jahrtausends v. Chr. entstanden.

Für eine Niederschrift durch Mose selbst im 14. oder 15. Jahrhundert v. Chr. gibt es aber durchaus gute Gründe, zum Beispiel die Übereinstimmung zwischen archäologischen Funden und den Angaben der Bibel sowie die genauen Schilderungen der Lebensverhältnisse zur Zeit der Patriarchen am Anfang des zweiten Jahrtausends v. Chr. Und so spricht nichts dagegen, die Bibel als durchaus glaubwürdige historische Quelle zu betrachten.

Sinai – Berg der Zehn Gebote

»Etwa zwei Monate« (2. Mose 19,1) nach dem Auszug aus Ägypten schlugen die Israeliten ihr Lager am Berg Sinai auf. Mose stieg hinauf und erhielt von Gott die Zehn Gebote.

Bibelkritische Wissenschaftler führen die unterschiedlichen Bezeichnungen *Sinai* und *Horeb*, die im 2. Buch Mose verwendet werden, auf verschiedene Überlieferungszweige und somit auf verschiedene Autoren des Mosebuchs zurück. Genauso gut kann der hebräische Name Horeb aber auch von Mose selbst als Autor parallel zur nichtsemitischen Ortsbezeichnung Sinai verwendet worden sein.

Traditionell wird dieser Berg mit dem Dschebel Musa gleichgesetzt, dem Mose-Berg auf der ägyptischen Halbinsel Sinai, an dessen Fuß sich seit dem 6. Jahrhundert das Katharinenkloster befindet. Berg und Kloster sind heute viel besuchte Pilgerorte. Der Mose-Berg ist 2285 Meter hoch und damit der höchste Gipfel des Sinai-Massivs. Bei einem Aufstieg vom Katharinenkloster müssen fast 4000 Stufen und bis zum Gipfel 757 Höhenmeter bewältigt werden, den flacheren Teil kann man auf dem Rücken eines Kamels zurücklegen. Auf dem Gipfel befindet sich eine Moschee aus dem 12. Jahrhundert sowie eine 1934 neu errichtete Kapelle, die ursprünglich 532 erbaut wurde. Im Winter ist der Gipfel teilweise schneebedeckt.

Auf dem Dschebel Musa den Sonnenaufgang erleben: Viele Pilger machen sich mitten in der Nacht auf den Weg zum Gipfel.

KOORDINATEN:

Dschebel Musa: 28.5390N, 33.9749E
Katharinenkloster: 28.5559N, 33.9758E

Das Kloster am Fuß des Sinai

Das Katharinenkloster, von dem aus Touristen ihre Gipfel-Expeditionen starten, wurde zwischen 548 und 565 gegründet. Hier befinden sich die Reliquien der Katharina von Alexandrien. Sie wird als Heilige verehrt und soll um 300 n. Chr. eine Königstochter aus Zypern gewesen sein, die im ägyptischen Alexandria lebte. Außerdem wird Moses Brennender Dornbusch im griechisch-orthodoxen Kloster gezeigt. Wahrscheinlich siedelten schon vor der Befestigung durch Klostermauern Mönche an der historischen Stätte, erwähnt wird dies beispielsweise in den Reiseerzählungen einer Nonne aus dem 4. Jahrhundert. Die Basilika im Katharinenkloster gilt als älteste Kirche der Welt.

Katharinenkloster: 28.5559N, 33.9758E – Sichthöhe: etwa 1,8 Kilometer. Innerhalb der mächtigen Mauern des Klosters befindet sich die Basilika der Verklärung (1), eine Moschee (2) mit Minarett (3) sowie der Mosesbrunnen (4) und der Brennende Dornbusch (5) mit einer kleinen Kapelle als heiligstem Ort des Klosters. Der Zugang (6) ist in der nördlichen Mauer, das antike Haupttor (7) ist geschlossen. Außerhalb der Klostermauern befinden sich ein Pilgerfriedhof und die Klostergärten.

Der islamische Prophet Mohammed soll mehrmals im Kloster zu Gast gewesen sein und schrieb einen Brief, in dem er dem Kloster Sicherheit garantierte. Diese Garantie wurde von allen muslimischen Herrschern anerkannt und so wurde das Kloster niemals überfallen. Wahrscheinlich trug auch die Existenz einer Moschee aus dem 11. Jahrhundert innerhalb der Klostermauern zu dieser Sicherheit bei. Sie wurde für die muslimischen Beduinen der Gegend eingerichtet. Der Schutzbrief Mohammeds liegt heute im Museum in Istanbul, das Kloster selbst hat nur eine Kopie.

Nach dem Vatikan beherbergt das Katharinenkloster die zweitgrößte Sammlung christlicher Handschriften, darunter war bis 1859 auch der berühmte Codex Sinaiticus, eine der wertvollsten existierenden Bibelhandschriften. Der Leipziger Theologe Konstantin von Tischendorf (1815 bis 1874) war zum ersten Mal 1844 auf der Suche nach alten Bibelhandschriften in den Orient gereist und forschte auch in der Bibliothek des Katharinenklosters. Der Zustand vieler wertvoller Dokumente war schockierend: verklebt und von Würmern zerfressen. Und, der Bericht klingt fast zu spektakulär, um wahr zu sein: Einen Tag vor seiner Abreise entdeckte Tischendorf im Abfallkorb Pergamentblätter mit Seiten aus der Septuaginta, der griechischen Übersetzung des Alten Testaments, die aus dem 4. Jahrhundert stammten und verbrannt werden sollten – keiner der Mönche hatte die Texte entziffern können. Tischendorf rettete die Blätter und bei späteren Besuchen im Kloster beförderte er noch weitere Teile des Codex ans Tageslicht. Ein Juwel für die Bibelforschung: Der Codex Sinaiticus ist die älteste vollständige Handschrift des Neuen Testaments und enthält zudem große Teile des Alten Testaments.

Die Angaben widersprechen sich darin, wie die Bibelseiten in Tischendorfs Besitz gekommen sind: Das Kloster wirft ihm Diebstahl vor und fordert die Handschrift zurück. Nach einigen Briefen Tischendorfs deutet aber alles darauf hin, dass er sie rechtmäßig erworben hat. Sie gelangten nach Sankt Petersburg (Leningrad) und 1933 nach London. Die britische Regierung zahlte für den Codex 100.000 Pfund an Stalin. Der Codex Sinaiticus ist heute in der British Library ausgestellt, weitere Teile befinden sich noch in Sankt Petersburg und auch in Leipzig sowie im Katharinenkloster, wo 1975 nach einem Brand sogar noch weitere Seiten in einer versteckten Kammer gefunden wurden.

Begehrtes Reiseziel: Jährlich besuchen etwa 50.000 Touristen und Pilger das Katharinenkloster.

WEITERE KOORDINATEN IN ÄGYPTEN:

Gizeh: 29.9769N, 31.1334E
Kairo: 30.0478N, 31.2335E
Theben (Luxor und Karnak): 25.7380N, 32.6067E
Alexandria: 31.2272N, 29.9571E
Memphis: 29.8496N, 31.2545E
Abu Simbel: 22.3369N, 31.6256E
Heliopolis (das biblische On): 30.1291N, 31.3045E
Tanis: 30.9774N, 31.8804E
Kadesch Barnea: 30.6877N, 34.4948E

BIBLE-EARTH-TIPP:

Ein Besuch auf der Internetseite <www.bible-earth.net> lohnt sich: Dort wird es gelegentlich einen genaueren Blick auf den einen oder anderen antiken Ort Ägyptens geben.

Israel – Das Heilige Land

Als Anfang 2006 die Idee zu Bible Earth reifte und auch noch, als im Mai die Internetseite <bible-earth.net> an den Start ging, war bei GOOGLE EARTH von den heiligen Stätten in Israel noch nicht viel zu sehen: Zwar konnte man das Tote Meer, den See Genezareth und die Wüste Negev schön erkennen; den Tempelberg in Jerusalem zu finden, war aber fast unmöglich. Das Datenmaterial war zu schlecht aufgelöst.

Der Tempelberg mit der goldenen Kuppel des Felsendoms in Israels Hauptstadt Jerusalem.

Im Juni 2006 hat sich das grundlegend geändert und so können in diesem Buch auch die wichtigsten biblischen Orte in Israel vorgestellt werden. Die virtuelle Reise ins Heilige Land beginnt dort, wo auch die Geschichte des Volkes Israel im von Gott verheißenen Land begonnen hat: an den Mauern von Jericho.

Jericho – Als die Mauern fielen

Jericho gilt als eine der ältesten Städte der Welt: Archäologische Ausgrabungen haben Besiedlungsspuren nachgewiesen, die auf mehrere Jahrtausende vor Christi Geburt datiert werden. Nomaden waren damals zu einer sesshaften Lebensweise übergegangen und hatten so die Voraussetzung für das Entstehen einer frühen Hochkultur geschaffen. Die Archäologin Kathleen Kenyon fand bei ihren Grabungen zwischen 1952 und 1958 ein Heiligtum mittelsteinzeitlicher Nomaden.

Spektakulär war der Fund eines Teils der Stadtmauer und des 9 Meter hohen Rundturms einer befestigten Stadt aus der Jungsteinzeit. Insgesamt entdeckte Kenyon 23 Siedlungsschichten auf dem Tell Jericho. Bedeutend im Zusammenhang mit der biblischen Überlieferung ist die Lokalisierung einer Stadtmauer aus dem 2. Jahrtausend vor Christus, die irgendwann zwischen 1580 und 1400 v. Chr. zerstört wurde. Das würde hervorragend zu dem biblischen Bericht von der Einnahme Jerichos durch die Israeliten nach der Wüstenwanderung und der Durchquerung des Jordans passen: *»Die Priester bliesen die Hörner. Als die Israeliten das hörten, schrien sie, so laut sie konnten. Da stürzten die Mauern Jerichos zusammen, und die Israeliten drangen geradewegs in die Stadt ein und eroberten sie« (Josua 6,20).*

Das Problem ist nur: Die meisten Wissenschaftler gehen heute davon aus, dass die Einnahme Israels im 13. Jahrhundert v. Chr. stattgefunden hat und somit in einer Zeit, in der es keine Spuren einer gewaltsamen Eroberung in Jericho gibt. Daher geht zum Beispiel Israel Finkelstein, Direktor des Archäologischen Instituts der Universität von Tel Aviv und Buchautor, davon aus, dass der biblische Bericht ohne jede historische Grundlage ist.

Allerdings fanden andere Archäologen Hinweise auf Fehler in den Chronologien der alten vorderasiatischen Völker. Im Kapitel **Ägypten** wurde diese Problematik schon etwas genauer beleuchtet (siehe ab S. 55: *Probleme mit der Chronologie*). Zusammenfassend sei hier nur kurz erwähnt: Jericho wurde wahrscheinlich nicht am Ende der Späten Bronzezeit eingenommen, sondern schon gegen Ende der Mittleren Bronzezeit. Daraus würde sich eine Eroberung Jerichos bereits im 15. Jahrhundert v. Chr. ergeben, was den biblischen Aussagen viel besser entspricht.

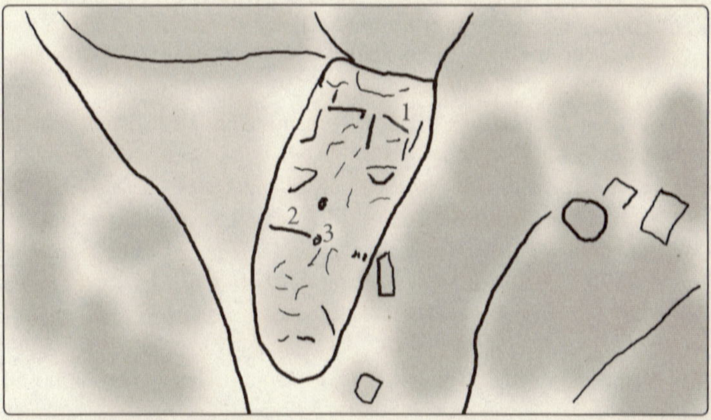

Jericho: 31.8710N, 35.4441E – Sichthöhe: etwa 650 Meter. Auf dem Ausgrabungsgelände kann man zwei stratigrafische, also die Schichtenfolge untersuchende Grabungen gut erkennen: die von 1930 bis 1936 durch die Briten (1) durchgeführten sowie die 1952 bis 1958 unter Kathleen Kenyon (2). Der jungsteinzeitliche Turm (3) ist einer der eindrucksvollsten Mauerreste auf dem Tell Jericho.

Reste eines Turms aus der Jungsteinzeit.

KOORDINATEN:

Tell Jericho: 31.8710N, 35.4441E
Hischam-Palast: 31.8818N, 35.4596E
Amphitheater: 31.8647N, 35.4399E
Berg der Versuchung: 31.8748N, 35.4310E
Hasmonäerpalast: 31.8450N, 35.4262E
St.-Georg-Kloster (Wadi Qilt): 31.8440N, 35.4116E

Etwa 2 Kilometer nordöstlich des Tell Jericho erkennt man den **Hischam-Palast**, der 724 n. Chr. von Hischam, dem letzten Omaijadenkalifen, errichtet wurde. Der Bau blieb jedoch unvollendet und wurde schon 746 bei einem Erdbeben zerstört. 1937 entdeckten englische Archäologen den von Sand bedeckten Palast mit einer Fläche von 160 mal 130 Metern und legten ihn frei. Schön erkennt man aus der Luft den hellgrauen großen Innenhof und 80 Meter nördlich die ungefähr genauso große Badehalle.

750 Meter südwestlich des Tells ist das **Amphitheater** von Jericho zu sehen.

Auf dem **Berg der Versuchung** hat nach christlicher Überlieferung der Teufel Jesus herausgefordert: *»Wenn du der Sohn Gottes bist, dann verwandle diese Steine in Brot« (Matthäus 4,3)*. Schon 340 n. Chr. entstand auf dem Gipfel eine Kapelle, daneben steht die Hasmonäerburg Dok, ein Platz mit herrlicher Aussicht. 1895 erbaute die griechisch-orthodoxe Kirche auf halber Höhe das Kloster Sarandarion.

3,3 Kilometer in südlicher Richtung existiert ein weiteres **Bauwerk der Hasmonäer**: Es war vermutlich König Alexander Jannaios (103 bis 76 v. Chr.), der hier einen weitläufigen Palast anlegte. Dieser wurde später von König Herodes dem Großen ausgebaut. Nach einem Bericht des jüdischen Historikers Flavius Josephus ließ Herodes seinen Schwager Aristobulos in einem Schwimmbecken ertränken, nachdem er ihn ein Jahr zuvor zum Hohenpriester gemacht hatte. Aber auch er selbst starb in den Mauern dieses Palastes.

1300 Meter westlich des Hasmonäerpalastes liegt das um 480 n. Chr. gegründete **St.-Georg-Kloster**, errichtet an den steilen Felswänden des **Wadi Qilt**, einem canyonartigen Flusstal, das durch die Berge Judäas führt. Seine Blütezeit erlebte das Kloster im 6. Jahrhundert, wurde dann aber 614 von den Persern zerstört. Erst zwischen 1878 und 1901 entstand der heutige Klosterkomplex, der im momentanen Datenbestand von Google Earth jedoch nicht zu erkennen ist, da die Talseite des Wadi im Schatten liegt.

Jericho liegt 250 Meter unter dem Meeresspiegel und ist damit die tiefstgelegene Stadt der Welt.

Jerusalem – Gottes Stadt

Nur 22 Kilometer Luftlinie von Jericho entfernt und etwa 1000 Meter höher liegt eine Stadt, die Jericho an Superlativen noch übertrifft: Keine andere Stadt wird von so unterschiedlichen Menschen so sehr geliebt und verehrt, keine andere Stadt wurde so oft umkämpft und erobert, keine andere Stadt ist auch heute noch so umstritten wie **Jerusalem.** Und von keiner anderen Stadt heißt es in der Bibel: *»Gott selbst wohnt in den Palästen Jerusalems und beschützt seine Stadt« (Psalm 48,4).* Von allen Städten spielt Jerusalem in der Bibel die Hauptrolle!

Juden in Jeruschalajim, wie der hebräische Name lautet: Stadt des Friedens. Diesem Namen wurde die Stadt nur selten gerecht. Wo die drei Weltreligionen beten, gibt es auch heute kein friedliches Zusammenleben.

Dabei liegt Jerusalem weder am Meer noch an einer Handelsstraße, hat weder Bodenschätze noch Industrie, ja nicht einmal genügend Trinkwasser. Sie ist keine Weltstadt wie Paris, London oder gar New York. Die Fäden der Weltpolitik werden woanders gezogen, in Washington, Moskau oder Genf. Jerusalem ist die offizielle Hauptstadt Israels, doch aufgrund des Streites mit den Palästinensern und deren Anspruch auf die Stadt befinden sich die meisten diplomatischen Vertretungen in Tel Aviv. Aber trotzdem: Keine andere Stadt bestimmt das weltweite tägliche Nachrichtengeschehen so sehr wie Jerusalem!

Die 5000-jährige Geschichte Jerusalems

Jerusalem ist sehr alt. Ausgrabungen im Bereich der Gihonquelle förderten eine Ansiedlung aus dem späten 4. bis frühen 3. Jahrtausend v. Chr. zutage.

Abraham begegnete im Land Kanaan Melchisedek, dem Priester-König von *Salem* (vgl. 1. Mose 14,18) – das war um etwa 2000 v. Chr. Im Buch Josua wird im zehnten Kapitel Adoni-Zedek erwähnt, ein weiterer König von Jerusalem, der gegen Israels Verbündete kämpfte und später von Josua getötet wurde. Die Stadt selbst, die damals auch *Jebus* genannt wurde, vermochten die Israeliten aber vorerst nicht zu erobern: *»Die Jebusiter, die in der Stadt Jerusalem lebten, konnte der Stamm Juda jedoch nicht vertreiben; daher leben die Jebusiter dort bis heute zusammen mit den Angehörigen Judas« (Josua 15,63).*

Erst König David besiegte die Jebusiter: Durch einen unterirdischen Wasserkanal krochen seine Soldaten im Jahr 1004 v. Chr. in die Stadt und so eroberte er Jerusalem und ernannte sie zur Hauptstadt Israels.

David ließ die Bundeslade und die Stiftshütte nach Jerusalem bringen und machte die neue Hauptstadt dadurch auch zum religiösen Zentrum. Er beschloss, anstelle der Stiftshütte einen Tempel zu bauen, doch Gott verwehrte es ihm: *»Nicht du sollst ein Haus zu Ehren meines Namens bauen, denn du hast in vielen Schlachten gekämpft und viel Blut vergossen« (1. Chronik 28,3).* So fiel es seinem Sohn Salomo zu, den Tempel Gottes zu bauen und ein großes Reich in Frieden zu regieren. Um 960 v. Chr. wurde der Tempel in Jerusalem eingeweiht.

Nach der Teilung Israels blieb Jerusalem Hauptstadt des Südreiches Juda. Nachdem das Nordreich an die Assyrer gefallen war, eroberten diese innerhalb von 20 Jahren auch sehr viele Städte des Südreiches, bis sie 701 v. Chr. Jerusalem belagerten. Doch Jerusalem hielt stand! 185.000 assyrische Soldaten starben in der Nacht vor dem Angriff durch einen von Gott geschickten Todesengel, sodass ihr König **Sanherib** (siehe auch S. 31) den Befehl zum Rückzug gab.

587 v. Chr. jedoch waren auch Jerusalems Tage gezählt. Die Stadt wurde vom babylonischen König **Nebukadnezar** (S. 18) nach anderthalbjähriger Belagerung erobert und zerstört. Der Tempel ging in Flammen auf, die Bundeslade ging verloren und ist bis heute nicht mehr wiedergefunden worden. Die Bevölkerung Judas wurde ins Exil nach Babylon verschleppt.

Als die Perser das babylonische Reich erobert hatten (538 v. Chr.), gestattete König Kyrus den Juden die Heimkehr. Die Perser unterstützten sogar den Wiederaufbau des zerstörten Tempels, der 515 v. Chr. fertiggestellt wurde. Unter dem Schriftgelehrten Esra und dem Statthalter Nehemia wurde 60 Jahre später auch Jerusalem neu aufgebaut und durch eine mächtige Mauer gesichert.

Im Jahre 164 v. Chr. wurde Jerusalem ein letztes Mal in der Antike souveräne Hauptstadt: Judas Makkabäus führte in den Jahren zuvor einen Aufstand gegen den Seleukidenherrscher Antiochus IV. Epiphanes an, der den jüdischen Glauben verboten und den Tempel geschändet hatte. Nach seinem Sieg gründete Makkabäus die Hasmonäerdynastie, die Juda bis zum Einmarsch der Römer im Jahre 63 v. Chr. regierte.

Nach der Eroberung durch Rom wurde im Jahre 40 v. Chr. **Herodes der Große** zum römischen Vasallenkönig über die Provinzen Judäa und Galiläa ernannt. Er wählte drei Jahre später Jerusalem zu seinem Regierungssitz und begann 19 v. Chr., den Tempel prunkvoll auszubauen und unter anderem um seinen Wohnsitz, die Burg Antonia, zu erweitern.

Herodes herrschte als Despot. Er war es, der nach Jesu Geburt alle Kinder in Bethlehem, die zwei Jahre und jünger waren, töten ließ. Bald darauf starb er.

HERODES DER GROSSE

Herodes der Große wurde um 73 v. Chr. geboren und sicherte sich mit römischer Hilfe im Jahr 37 v. Chr. die Herrschaft in Judäa. Er ließ die Ausübung des jüdischen Glaubens unbehelligt und baute sogar großzügig den Tempel aus. Er war ein großer Bauherr, aber auch ein grausamer Tyrann. Nach seinem Tod teilte Kaiser Augustus sein Herrschaftsgebiet unter seinen Söhnen Archelaos, Herodes Antipas und Herodes Philippos auf. Das Todesjahr des Herodes wird überall mit 4. v. Chr. angegeben und basiert auf einer Mondfinsternis, die der jüdische Geschichtsschreiber Flavius Josephus erwähnte. Der Wissenschaftler Dr. Werner Papke zieht eine andere Mondfinsternis in Erwägung und vermutet den Tod des judäischen Königs im Jahr 1 v. Chr. Diese Vermutung spielt in den Betrachtungen zum Stern von Bethlehem eine Rolle (siehe S. 95).

Jesus und Jerusalem

Die Jünger Jesu waren vom Anblick des Tempels überwältigt: *»Lehrer, sieh nur diese herrlichen Bauten! Welch gewaltige Steine sind in diesen Mauern!« (Markus 13,1).* Wer einmal vor der Klagemauer gestanden hat oder gar den *Western Stone* im Tunnel entlang des Tempelbergs gesehen hat, kann das Staunen der Jünger nachvollziehen: Der schwerste Stein, der in der Mauer verbaut ist, wiegt schätzungsweise knapp 600 Tonnen, gilt als das schwerste jemals von Menschenhand ohne Hilfe von Maschinen angehobene Objekt und niemand weiß, wie man ihn damals an seine Stelle schaffen konnte.

Jesus dagegen ließ sich von der äußeren Pracht nicht beeindrucken, sondern sagte ihnen, was dem Tempel bevorstand: *»Diese prachtvollen Bauten werden so vollständig zerstört werden, dass nicht ein Stein auf dem anderen bleibt« (Markus 13,2).*

Als »Western Stone« wird der schwerste jemals verbaute Stein bezeichnet. Er ist 13,6 Meter lang. Die Tafel rechts im Vordergrund zeigt die Anordnung der Schichten.

Während des Jüdischen Krieges 66 bis 73 n. Chr. wurde Jerusalem von den Römern belagert. Die Belagerung begann während des Passahfestes, als sich Bewohner und Pilger in der Stadt aufhielten, insgesamt über eine Million Menschen. Flavius Josephus, Augenzeuge des Krieges, schreibt: *»Jede Hoffnung auf Flucht und Beschaffung von Nahrungsvorräten war jetzt von den Juden gewichen, der Hunger verschlang Tausende über Tausende. Auf den Gassen häuften sich die Toten, da die Überlebenden nicht genug Kraft hatten, die Toten zu begraben, und sogar mit ihnen ins Grab fielen. Kein Trauern war in Jerusalem zu hören, denn der Hunger lähmte alle Gefühle.«*

Die Diaspora – Vertreibung der Juden aus Jerusalem

Als sie die Stadt schließlich eroberten, verfielen die römischen Soldaten in einen Blutrausch. Sie metzelten alles nieder, was lebte – Menschen und Vieh. Obwohl der Feldherr Titus die Bauwerke erhalten wollte, steckte ein Soldat den Tempel in Brand. Die Überlebenden, die sich in den Tempel geflüchtet hatten, waren eingeschlossen und verbrannten. Insgesamt forderte der Jüdische Krieg 1,1 Millionen Opfer.

Mit einem Teil der geraubten Schätze finanzierte man in Rom den Bau des Kolosseums: *Ex manubis (Aus der Kriegsbeute)* ist dort in einer Inschrift vermerkt worden.

Titus folgte im Jahr 79 n. Chr. seinem Vater auf den Kaiserthron. Doch bereits zwei Jahre später starb er.

Sein Bruder und Nachfolger Domitian ließ ihm zu Ehren einen Triumphbogen neben dem Forum in Rom errichten, den noch heute erhaltenen Titusbogen. Ein Relief des Titusbogens zeigt eine Szene des Triumphzuges, in der auch die heiligen Beutestücke aus Jerusalem zu sehen sind: der siebenarmige Leuchter, der Tisch mit den Schaubroten und die Posaunen. Die Bundeslade ist nicht zu sehen. Mehr darüber im Kapitel **Europa** (siehe S. 152: Rom).

Für die Juden ein Symbol der Trauer: der Titusbogen in Rom.

Die Zerstörung Jerusalems im Jahre 70 n. Chr. brachte den Römern noch keine Genugtuung. Als Vergeltung für den Bar-Kochba-Aufstand in den Jahren 132 bis 135 pflügten sie die Überreste Jerusalems mit einem Joch Ochsen um. Damit erfüllten sie, ohne es zu wissen, die Prophetie aus

Micha 3,12: »*Wegen euch wird Zion zu Ackerland umgepflügt und Jerusalem zu einem Trümmerhaufen gemacht werden und auf dem Tempelberg wird Gestrüpp wuchern.*« Anstelle von Jerusalem bauten sie die Garnisonsstadt Colonia Aelia Capitolina. Damit verfolgten die Römer dasselbe Ziel wie mit der Umbenennung des Landes in *Palästina*: die Auslöschung der jüdischen Vergangenheit in den Köpfen der Menschen. Juden war von nun an das Betreten der Stadt verboten.

Erst nach der Pilgerreise der Mutter von Kaiser Konstantin, der Heiligen Helena, im Jahr 326, und als das Christentum unter Theodosius I. im Jahr 391 schließlich römische Staatsreligion wurde, erwachte eine neue Liebe zu Jerusalem. 395 wurde das römische Weltreich in Ostrom und Westrom geteilt. Byzanz, das heutige Istanbul, war Hauptstadt des Oströmischen Reiches. In jener Zeit wurde Jerusalem als christliche Pilgerstätte mit vielen Kirchen wiederaufgebaut. Die Perser jedoch eroberten Jerusalem im frühen 7. Jahrhundert und zerstörten die Stadt.

Auch die Moslems zeigten wenig Interesse an der jüdischen Vergangenheit Jerusalems: Sie erbauten 691 den Felsendom und die Al-Aqsa-Moschee – genau an der Stelle, wo früher der Tempel stand. Außerdem mauerten sie um das Jahr 1200 das *Goldene Tor* zu, durch das der Messias nach jüdischer Überzeugung bei seiner Ankunft die Stadt betreten wird.

Die Herren Jerusalems kamen und gingen: 1099 die Kreuzritter, 100 Jahre später der kurdische Sultan Saladin, später herrschten die Mamelucken über die Heilige Stadt und schließlich die türkischen Osmanen, genau 400 Jahre lang von 1517 bis 1917. So war Jerusalem seit 638 – nur unterbrochen durch die Herrschaft der Kreuzritter – in moslemischer Hand.

Die Türken traten an der Seite Deutschlands in den Ersten Weltkrieg ein und wurden von den Briten besiegt. Am 11. Dezember 1917 eroberten diese unter General Allenby Jerusalem. Sie beendeten die osmanische Herrschaft und erhielten vom Völkerbund das Mandatsrecht über Palästina. In dieser Zeit begann Jerusalem, wieder aufzublühen, und dehnte sich nach Westen aus, wo die heutige Neustadt entstand.

Auf dem heiligsten Platz der Juden stehen seit über 1300 Jahren zwei islamische Heiligtümer, am bekanntesten ist der Felsendom.

1947 beschloss die UNO, das Mandatsgebiet in einen jüdischen und einen arabischen Staat zu teilen und Jerusalem unter internationale Verwaltung zu stellen. Dazu kam es aber nicht, denn der neue jüdische Staat wurde sofort angegriffen von seinen arabischen Nachbarn, die den UNO-Beschluss ablehnten. Am Ende dieses Unabhängigkeitskrieges besaß Israel mehr Land als im Teilungsplan vorgesehen und darüber hinaus den Westteil Jerusalems, der seit 1950 das Parlament – die *Knesset* – und die meisten Ministerien beherbergt. Der Ostteil wurde von Jordanien erobert. Sie vertrieben die ansässigen Juden, zerstörten das jüdische Viertel und schändeten die jüdischen heiligen Stätten, indem sie Synagogen in Ställe umwandelten und Grabsteine zum Bau von Toiletten und Straßen verwendeten.

Nach 1900 Jahren wieder jüdische Hauptstadt

1967 geriet Israel zunehmend in Bedrängnis und wurde zu einem militärischen Präventivschlag gezwungen. Dabei eroberte es unter anderem den Ostteil Jerusalems, in dem sich der ehemalige Tempelplatz befindet. Weinend standen die Soldaten am 7. Juni 1967 vor der Klagemauer, dem einzigen Überrest des alten Tempels. Zum ersten Mal seit fast 2000 Jahren konnten Juden wieder den Tempelberg, das Zentrum des jüdischen Glaubens, betreten, was heute allerdings durch den geltenden Status quo faktisch nicht mehr möglich ist: Ein Betreten durch den damaligen Ministerpräsidenten Ariel Sharon im Herbst 2000 nahmen die Palästinenser zum Vorwand, ihre zweite Intifada zu beginnen.

Das israelische Parlament erklärte Jerusalem 1980 zur unteilbaren Hauptstadt Israels.

Mehr über die Geschichte Israels und auch über den Nahostkonflikt erfahren Sie unter <www.einzigartiges-israel.de>.

Diese wechselvolle Geschichte hat Spuren in der Stadt hinterlassen, die einen Besuch mit GOOGLE EARTH sehr lohnenswert machen. Heute ist Jerusalem auf der einen Seite religiöser Mittelpunkt des Judentums, heiliger Ort der Moslems und Pilgerstätte des Christentums – andererseits eine moderne, pulsierende Großstadt mit über 700.000 Einwohnern und Hauptstadt des einzigen jüdischen Staates der Erde.

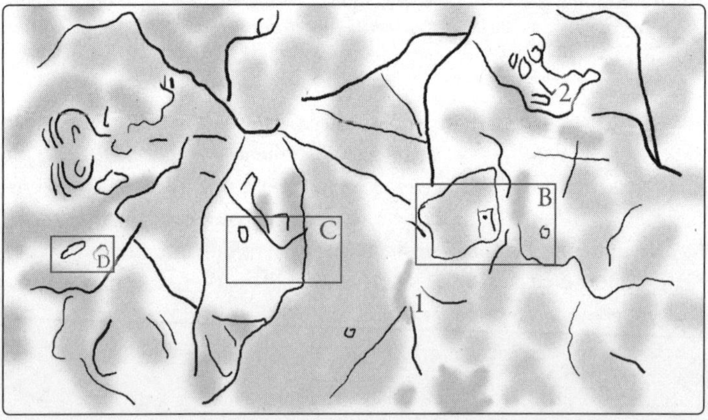

Jerusalem (A): 31.7790N, 35.2156E – Sichthöhe: etwa 9 Kilometer. Interessante Plätze außerhalb der unten beschriebenen Zentren sind der Bahnhof (1) und die Hebräische Universität (2) auf dem Skopusberg.

Der Tempelberg

An einem Punkt konzentriert sich die Spannung des Nahostkonflikts ganz besonders: Der Tempelberg in Jerusalem ist der Ort, an dem über Jahrhunderte der jüdische Tempel stand und der somit für die Juden bis heute heilig ist. An der Westmauer des Tempelplateaus, der Klagemauer, beten sie zu Gott und stecken kleine Zettel mit Gebeten in die Mauerspalten.

Wo früher der Tempel stand, steht seit 691 der Felsendom. Der Omaijadenkalif Al-Walid I. (Regierungszeit: 705–715) baute an der Stelle einer justinianischen Muttergottes-Basilika an der Südseite des Tempelbergs die Al-Aqsa-Moschee. Die Araber nennen den Tempelberg *Haram el-Sharif (Erhabenes Heiligtum)* und für den Islam ist er nach Mekka und Medina die drittheiligste Stätte.

Nach rabbinischer Auffassung ist der Tempelberg der Nabel der Welt, hier habe Gott die Erde entnommen, aus der er Adam formte. Nach 1. Mose 22,2 zog Abraham ins Land MORIJA, um dort seinen Sohn zu opfern: *»Nimm deinen einzigen Sohn Isaak, den du so lieb hast, und geh mit ihm ins Land Morija. Dort werde ich dir einen Berg zeigen, auf dem du Isaak als Brandopfer für mich opfern sollst.«*

»So begann Salomo mit dem Bau des Hauses des HERRN auf dem Berg Morija in Jerusalem, wo der HERR seinem Vater David erschienen war. Es wurde auf dem Land des Jebusiters Arauna errichtet, an dem Ort, den David dafür bestimmt hatte« (2. Chronik 3,1). David hatte dem Jebusiter zuvor seinen Dreschplatz, der sich auf dem Hügel Morija befand, für 50 Silberschekel abgekauft (2. Samuel 24,16–25). Auf dieser *Tenne des Jebusiters Arauna* wurde also der prächtige Tempel Salomos erbaut.

Sicherheitsschleußen kontrollieren den Zugang zur Klagemauer und zum Tempelberg. Direkt unterhalb der Kuppel des Felsendoms befindet sich das Stück Mauer, an dem die Juden vor Gott über den Verlust des Tempels klagen.

Heute kann auf dem Tempelplatz nur indirekt archäologische Forschung betrieben werden: Der Status quo, der den Moslems die Herrschaft über den Platz sichert, macht wissenschaftliche Untersuchungen unmöglich. Die moslemischen Machthaber haben auch kein Interesse daran nachzuweisen, dass der Gott Israels hier einen Tempel hatte. Beim Bau einer unterirdischen Moschee ab dem Jahr 2001 haben die moslemischen Bauherren in den sogenannten *Ställen Salomos* auf dem Tempelberg den Schutt achtlos auf einer städtischen Müllhalde abgeladen. Der israelische Professor Gabriel Barkay hat nun allerdings beim Durchsieben des Bauschutts sehr interessante Entdeckungen gemacht und Funde aus biblischer Zeit freigelegt: zum Beispiel eine Münze aus römischer Zeit mit der Aufschrift *»Für die Freiheit Zions«* sowie ein kleines Steinfragment, das offensichtlich vom herodianischen Tempel stammt. Am spektakulärsten sind jedoch eine babylonische Pfeilspitze, die von der Eroberung Jerusalems im Jahr 587 v. Chr. zeugt, und ein kleines Tonsiegel, dessen Aufschrift man dahingehend interpretiert, dass es einer aus der Bibel bekannten Priesterfamilie aus der Zeit des ersten Tempels gehörte: dem *Hause des Immer* (vgl. 1. Chronik 9,12).

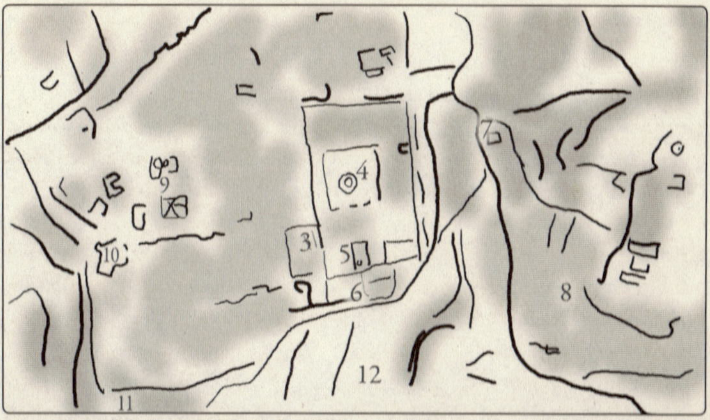

Jerusalem (B): 31.7777N, 35.2352E – Sichthöhe: etwa 2,5 Kilometer. Die Altstadt und ihre unmittelbare Umgebung bieten unzählige Sehenswürdigkeiten. Die wichtigsten sind die Klagemauer (3), der Felsendom (4), die Al-Aqsa-Moschee (5), der Park Ophel (6), der Garten Gethsemane mit der Kirche der Nationen (7), der Ölberg mit seinem riesigen jüdischen Friedhof (8), die Grabeskirche (9), die Zitadelle (10), der Zionsberg (11) und schließlich die Davidsstadt (12).

Außerhalb der Mauern des Tempelberges wurde fleißig geforscht: Edward Robinson legte schon bei Ausgrabungen im Jahr 1836 südlich der Klagemauer den nach ihm benannten Robinson-Bogen frei. Inzwischen weiß man, dass er zu einer riesigen Treppe gehörte, die auf den Tempelplatz führte. Weitere Ausgrabungen südlich des Bergs belegten leider die Zerstörung vieler historischer Kostbarkeiten durch die Bauten der jeweils nachfolgenden Herrscher der Stadt. Trotzdem haben israelische Wissenschaftler in diesem sogenannten *Archäologischen Park Ophel* seit 1968 bedeutende Funde gemacht: zum Beispiel den Palast einer Königin aus Nordmesopotamien, die sich um 50 n. Chr. in Jerusalem niederließ und zum jüdischen Glauben übertrat. Oder einen zwei Meter hohen Eckstein, der wohl im Jahr 70 n. Chr. von der Umfassungsmauer 35 Meter in die Tiefe stürzte und in dessen Nische vermutlich der Priester gestanden hatte, um Anfang und Ende des Sabbats auszurufen. Für weitere Informationen hierzu empfiehlt es sich, die sehr schön gestaltete Internetseite <www.archpark.org.il> zu besuchen.

Klagemauer (3)

Die größte Bedeutung hat Jerusalem zweifelsohne für die Juden. Es ist die einzige Stadt, die untrennbar mit der Geschichte, dem Glauben und dem Gott der Juden verbunden ist. Der Tempel war der Ort, an dem Gott gegenwärtig war, an dem ihm geopfert wurde. Schon in der babylonischen Gefangenschaft haben sich die Juden nach Jerusalem zurückgesehnt, wie es der 137. Psalm zum Ausdruck bringt: *»Wenn ich dich jemals vergesse, Jerusalem, soll meine rechte Hand gelähmt werden. Meine Zunge soll mir am Gaumen kleben, wenn ich nicht mehr an dich denke, wenn Jerusalem nicht mehr meine höchste Freude ist« (Verse 5–6).*

In der Diaspora wünschte man sich jedes Jahr am Passahfest: »Nächstes Jahr in Jerusalem!« Seit 1967, als die Altstadt Jerusalems zurückerobert wurde, dürfen Juden wieder an der Klagemauer beten, nachdem es ihnen unter jordanischer Herrschaft verboten war. Dort beklagten sie 1900 Jahre lang die Zerstörung des herodianischen Tempels. Heute ist diese Westmauer, der Überrest des alten Tempelbezirks, die wichtigste Gebetsstätte des Judentums.

Grabeskirche (9) und Gartengrab

Als unüberschaubares Gebäude mit einer verwirrenden Anordnung von Kapellen, Nischen, Treppen, Altären und Kuppeln präsentiert sich die Grabeskirche in der Jerusalemer Altstadt. Ein christlicher Pilger, der sich hier das Leiden und Sterben Jesu bildhaft vor Augen führen möchte, mag enttäuscht sein und sich durch die zahllosen Kerzen, Lampen, Kultgegenstände und bildlichen Darstellungen in seiner Andacht gestört fühlen. Evangelisch geprägte Pilger werden wohl eher im Gartengrab über Kreuzigung und Auferstehung nachdenken können. Dort, wo die Tür einer in Fels gehauenen Grabanlage die Aufschrift trägt: *»Er ist nicht hier! Er ist auferstanden!« (Lukas 24,6).* Oder wo eine schroffe Felswand an einen Schädel erinnert und tatsächlich die *Schädelstätte* Golgatha sein könnte. Dort, wo zwischen blühenden Büschen, Blumen und Bäumen in einer ruhigen Oase mitten im lauten Jerusalem das Abendmahl gefeiert werden kann.

KOORDINATEN:

Grabeskirche: 31.7785N, 35.2295E
Gartengrab: 31.7844N, 35.2300E

Und trotzdem: Der Streit um die Authentizität des Grabes ist zugunsten der Grabeskirche entschieden. Die Zeugnisse für den Ort der Begräbnisstätte Jesu lassen sich bis in die urchristliche Zeit zurückverfolgen. Die Liste der Jerusalemer Bischöfe ist lückenlos, obwohl die Christen es in Jerusalem nicht immer einfach hatten. Kaiser Hadrian, der von 117 bis 138 n. Chr. regierte, ließ über der Grabstätte einen Venustempel und auf Golgatha eine Jupiterstatue errichten, Zeichen dafür, dass die zuvor stattgefundene Verehrung der Stätten durch die Nachfolger Christi zunichtegemacht werden sollte.

Die Kuppeln und Türme der Grabeskirche.

Die Christen wussten aber nach wie vor von der Existenz der Stätten, sodass die Heilige Helena nach ihrer Pilgerreise im Jahr 326 ihren Sohn und neuen Kaiser Konstantin den Großen darauf aufmerksam machen konnte, dort das zentrale Heiligtum des Christentums zu errichten. In einer unterirdischen Zisterne fand Helena mehrere Holzkreuze der Römer, wovon sie eines als das Kreuz identifizierte, an dem Jesus starb. Daher gibt es in der Kirche auch eine Krypta der Kreuzauffindung. Für die Echtheit ihres Fundes gibt es einen Beleg: In der Kirche Santa Croce in Gerusalemme in Rom wird heute ein Teil der Holztafel aufbewahrt, die nach Angaben der Evangelien über dem Kreuz Jesu angebracht war. Nach wissenschaftlichen Untersuchungen spricht vieles dafür, dass es echt ist (siehe auch im Kapitel **Fundstücke** ab S. 167: Reliquien).

Durch die Jahrhunderte hindurch ist die Grabeskirche immer wieder zerstört, aufgebaut und erweitert worden. Die verworrene Bauweise verwundert daher nicht, zumal ein Erdbeben sie 1927 auch noch beschädigt hat und die Restaurierungen wegen komplizierter Besitzverhältnisse nur zögerlich und unvollständig durchgeführt werden konnten.

Im Kirchengebäude sind sechs christliche Denominationen untergebracht, die leider nicht in einer liebevollen Einheit im Sinne Christi zusammen leben und arbeiten. Zum gemeinsamen Besitz zählen nur das Christusgrab und der Salbungsstein. Darüber hinaus besitzt die griechisch-orthodoxe Kirche das Langhaus, das sogenannte *Katholikon* sowie die nördliche Hälfte von Golgatha mit der darunterliegenden Adamskapelle. Des Weiteren das Gefängnis Christi und kleinere Räume in der Rotunde. Der römisch-katholischen Kirche gehören die südliche Hälfte von Golgatha mit dem Altar der Kreuzannagelung, der Chorraum zwischen Rotunde und Katholikon sowie die Erscheinungskapelle und der Altar der Maria Magdalena. Die armenisch-orthodoxe Kirche nimmt für sich die Stelle der drei Marien, die Kapelle der heiligen Helena, einen Raum der Rotunde und eine kleine Kapelle in Anspruch. Der koptischen Kirche gehört eine weitere Kapelle in der Nähe des Grabes Christi, die syrische Kirche besitzt eine Kapelle in der Rotunde und der äthiopisch-orthodoxen Kirche, den *Abessiniern*, gehört das sogenannte *Grab des Josef von Arimathäa*.

Für die Außenfassade der Grabeskirche gibt es keine Regelung der Besitzverhältnisse und daher ist jede bauliche Veränderung stets Angelegenheit aller Denominationen. So kommt es, dass man auch heute noch eine Leiter sieht, die an das rechte obere Fenster über der Eingangstür angelehnt ist. Diese mittlerweile schon berühmt gewordene Leiter befindet sich dort schon seit geraumer Zeit: Den ältesten Hinweis liefert ein Gemälde vom Ende des 19. Jahrhunderts, auf dem die Leiter auch schon am Fenster lehnt – an exakt derselben Stelle. Es soll wohl schon Beratungen gegeben haben, was mit dieser Leiter geschehen solle. Da es aber nie zu einer Einigung kam, blieb sie an Ort und Stelle.

Zitadelle (10), Zionsberg (11) und Davidsstadt (12)

Weitere interessante Orte in der Altstadt sind die Zitadelle und der Zionsberg. In einem Palast in der Zitadelle residierte wahrscheinlich der Statthalter Pontius Pilatus, Bauherr war auch hierfür Herodes der Große. Das heutige Aussehen geht auf die Mamelucken im 14. Jahrhundert zurück. In der Zitadelle kann heute eine Ausgrabungsstätte und ein Museum über die Geschichte Jerusalems besichtigt werden.

Auf dem Zionsberg befindet sich die katholische Dormitio-Kirche, das Davidsgrab, das allerdings nicht authentisch ist, sowie der Abendmahlssaal, ein 10 mal 16 Meter großer Raum mit gotischer Gewölbedecke.

Die Davidsstadt südlich des Tempelbergs war das ursprüngliche Jerusalem zur Zeit Davids. Sie war bis in die römische Zeit bewohnt und wurde dann im Mittelalter aufgegeben, als die Stadt ins Innere der heutigen Altstadtmauer verlegt worden war.

KOORDINATEN:

Fundamente des David-Palastes: 31.7719N, 35.2359E

In jüngster Zeit wurden an freien Stellen Ausgrabungen vorgenommen. Die Ergebnisse sind spektakulär: Eine gewaltige steinerne Stufenkonstruktion deutet darauf hin, dass hier die *Festung Zion* (2. Samuel 5,7) gestanden hatte, die David von den Jebusitern eroberte und zu seinem Palast umbaute.

Garten Gethsemane (7)

Am Fuß des Ölbergs mit seinem großen jüdischen Friedhof (8) liegt der Garten Gethsemane mit acht uralten Ölbäumen. Hier wurde Jesus gefangen genommen, die Kirche der Nationen erinnert daran. Sie wurde 1924 an der Stelle errichtet, wo sich schon seit dem 4. Jahrhundert eine Basilika befand, deren Grundriss im Fußboden der modernen Kirche sichtbar ist.

Die Kirche der Nationen im Garten Gethsemane.

Prophetie wird Geschichte

Drei Orte in Jerusalem können nicht direkt als biblische Stätten gelten, doch ihre Bedeutung für das Verständnis der Bibel ist groß: Das Israel-Museum zeigt die historischen Wurzeln des modernen Staates, die Gedenkstätte Yad Vashem bringt dem Besucher eindrücklich die Ereignisse während des Holocausts nahe. Und in der Knesset schließlich, was übersetzt *Versammlung* heißt und ein Begriff aus der Bibel ist, wird der moderne Staat Israel regiert. Ein Staat, der als Erfüllung biblischer Prophetie gelten muss: Nach 1900 Jahren haben erstmals Juden wieder die Herrschaft über das Land erlangt, das Gott Abraham, Isaak, Jakob und ihren Nachkommen versprochen hat:

Da erschien der HERR Abram und sprach: »Ich werde dieses Land deinen Nachkommen geben!« Und Abram baute dort dem HERRN, der ihm erschienen war, einen Altar (1. Mose 12,7).

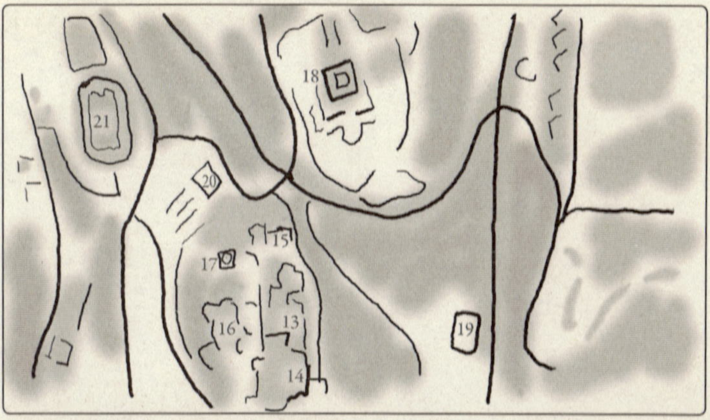

Jerusalem (C): 31.7743N, 35.2056E – Sichthöhe: etwa 2,1 Kilometer. Das Israel-Museum (13–17), die Knesset (18), das mittelalterliche Kreuzkloster (19), das Bibelland-Museum (20) sowie das Charles-Grossberg-Stadion (21) der Hebräischen Universität.

Das Israel-Museum besteht aus unterschiedlichen Abteilungen, die ein facettenreiches Bild des Landes zeigen. Ein Besuch kann viele Stunden in Anspruch nehmen. Das biblische und archäologische Museum (13) zeigt Exponate von der Steinzeit bis ins Mittelalter, darunter natürlich viele Funde aus biblischer Zeit. Weitere Abteilungen behandeln die Themen Kunst und Judaica (14), außerdem finden Wechselausstellungen (15) statt und es gibt einen Kunstgarten (16). Im Schrein des Buches (17) sind die Schriftrollen aus Qumran aufbewahrt und teilweise auch ausgestellt. Eine Kopie der nahezu vollständigen Jesaja-Rolle ist in kompletter Länge ausgebreitet. Der Bau ist dem Verschlussdeckel eines Tonkruges aus Qumran nachempfunden und aus der Luft gut zu erkennen.

Die Knesset ist die gesetzgebende Körperschaft in Israel. Ihren Namen und die Anzahl von 120 Abgeordneten übernahm sie von der Knesset HaGedola (auf Deutsch: Große Versammlung), der unter Esra und Nehemia im 5. Jahrhundert v. Chr. in Jerusalem einberufenen jüdischen Ratsversammlung. Das Knesset-Gebäude (18) wurde 1966 eingeweiht.

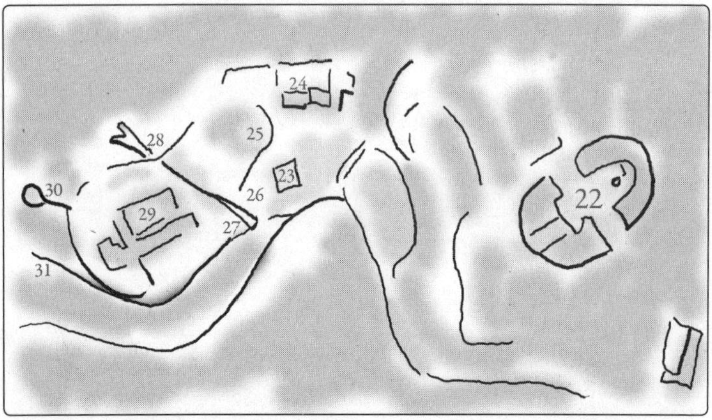

Jerusalem (D): 31.7738N, 35.1769E – Sichthöhe: etwa 1,6 Kilometer. Yad Vashem wurde 1957 gegenüber dem Herzl-Berg (22) errichtet und erinnert an die sechs Millionen jüdischen Opfer des Nationalsozialismus. Am Eingang gibt es ein Besucherzentrum (23), im Hintergrund befindet sich das Verwaltungsgebäude und die Schule für Holocaust-Studien (24). Dazwischen liegt die Kindergedenkstätte (25) zur Erinnerung an eine Million ermordeter Kinder. Die Allee der Gerechten (26) führt zum Historischen Museum (27). Am anderen Ende des futuristischen Neubaus von 2005 liegt die Halle der Namen (28). Im großen zentralen Gebäudekomplex (29) sind ein Kunstmuseum, eine Synagoge, die Halle der Erinnerung sowie ein Dokumentations- und Fotoarchiv untergebracht. Gut zu sehen ist noch die Gedenkstätte für die jüdischen Soldaten und Partisanen (30). Ein Eisenbahnwaggon der Deutschen Reichsbahn (31) erinnert an die Deportierten, im Tal der Gemeinden (außerhalb des Kartenausschnitts) sind die Namen der jüdischen Gemeinden in Europa in Stein gemeißelt.

KOORDINATEN:

Tal der Gemeinden: 31.7742N, 35.1711E
Eisenbahnwaggon als Denkmal zur Erinnerung an die Deportierten: 31.7732N, 35.1731E

Die Holocaustgedenkstätte Yad Vashem erstreckt sich über ein weitläufiges Areal auf dem Hügel des Gedenkens, dem Har HaZikaron. *Yad Vashem* heißt *Denkmal und Name* und leitet sich von Jesaja 56,5 ab: *»Ich werde ihnen in meinem Haus und in meinen Mauern ein Denkmal setzen. Ich werde ihnen einen Namen verleihen, der sehr viel mehr wert ist als Söhne oder Töchter.«*

Die Halle der Erinnerung mit der Gedenkflamme für die Opfer und den Namen der 22 größten Konzentrationslager.

Einen ausführlichen Artikel über die »Gerechten unter den Völkern« finden Sie unter <www.bible-earth.net> in der Kategorie *Extras*.

Bethlehem – Hirten und Könige

Bethlehem liegt 8 Kilometer südwestlich von Jerusalem im judäischen Bergland. Dass Jesus hier geboren wurde, ist fast jedermann bekannt. Aber auch David hat hier rund tausend Jahre zuvor das Licht der Welt erblickt und vor seiner Berufung durch den Propheten Samuel als Hirte die Schafe gehütet – eine interessante Verbindung zu den Hirten Bethlehems in der Weihnachtsgeschichte. Der Hirte David wird zum König gesalbt, ein Jahrtausend später bezeichnet sich der in Bethlehem geborene König als »*der gute Hirte*« (vgl. Johannes 10,11).

Jakobs Frau Rahel wurde in der Nähe der Stadt begraben (1. Mose 35,19), nachdem sie bei der Geburt ihres Sohnes Benjamin gestorben war; Rut und Noomi zogen hierher in Noomis Heimat zurück (Rut 1,19). Und auch die Frau des namenlosen Leviten, die von einigen Männern in Gibea bestialisch ermordet wurde, stammte aus Bethlehem (Richter 19).

Das Innere der Geburtskirche in Bethlehem.

Aus der Weihnachtsgeschichte ist die Erzählung um Christi Geburt bekannt: Josef und seine Verlobte Maria, die hochschwanger war, reisten von Nazareth nach Bethlehem. Sie fanden Unterkunft in einem Stall und

Maria brachte den Erlöser Jesus Christus zur Welt. Hirten und Weise aus dem Morgenland besuchten das Kind. Aus Angst vor einem heranwachsenden Konkurrenten ließ König Herodes in Bethlehem kleine Kinder umbringen, zuvor konnte sich die Heilige Familie jedoch in Sicherheit bringen.

DIE WEISEN UND DER STERN VON BETHLEHEM

Ob der Stern von Bethlehem, dem die Weisen aus dem Morgenland gefolgt sind, ein Komet, eine Supernova oder eine Planetenkonstellation war, lässt sich nicht mit letzter Sicherheit nachweisen. Die Kometentheorie ist am ältesten, was sich auch in der häufigen Darstellung des Sterns mit Schweif zeigt. Schon in der Antike konnten die Astronomen die regelmäßige Wiederkehr einiger Kometen berechnen. Heute gehen aber die meisten Wissenschaftler davon aus, dass es sich um eine sogenannte Konjunktion gehandelt hat. Dabei habe der Planet Jupiter sich entweder mit dem Saturn, der Venus oder dem Fixstern Regulus überdeckt und so in außergewöhnlicher Helligkeit gestrahlt. Der Religionswissenschaftler Dr. Werner Papke vermutet, es habe sich um einen explodierenden Stern gehandelt – eine Supernova, die durch ihre besondere Position als Stern des Erlösers interpretiert worden sei. Interessant ist, dass sowohl Papke als auch Vertreter einer der Konjunktionstheorien die Geburt Jesu auf den jüdischen Neujahrstag datieren: entweder im Jahr 3 oder 2 v. Chr. (Zur Problematik mit dem Todesjahr des Herodes siehe S. 77).

Heute gehört Bethlehem zum palästinensischen Autonomiegebiet, der christliche Bevölkerungsanteil wird immer geringer. Touristen und Pilger sind aufgrund der instabilen politischen Verhältnisse und der schwierigen Einreisebedingungen immer seltener anzutreffen.

Bei GOOGLE EARTH sind Wolken über Bethlehem, sie geben aber den Blick frei auf die **Geburtskirche**, die durch ihre kreuzförmige Bauweise ins Auge fällt. Der Krippenplatz befindet sich unmittelbar westlich davon, ist aber leider verdeckt. So ist auch die moderne Omarmoschee nicht zu sehen, die quasi als Gegenstück zur Geburtskirche errichtet wurde.

Vom Krippenplatz her wirkt die Kirche festungsartig und eher unauffällig. Über die Jahrhunderte wurde der Eingangsbereich mehrmals umgebaut, die Tür ist nur noch 1,20 Meter hoch. Das ehemalige Kirchenportal wurde verkleinert, damit die muslimischen Mamelucken nicht mehr hoch zu Ross in die Kirche reiten konnten.

Gebückt erreicht man daher das Innere der Kirche mit ihrem monumentalen Mittelschiff aus dem 6. Jahrhundert. Kaiser Justinian I. ließ diese Kirche erbauen, nachdem der Vorgängerbau aus dem 4. Jahrhundert zerstört worden war. Innerhalb der Kirche gelangt man über eine Treppe hinunter in die 12 Meter lange und 3 Meter breite Geburtsgrotte. Ein Silberstern kennzeichnet die Stelle, an der Jesus geboren wurde. Von der Existenz dieser Höhlengrotte gibt es Zeugnisse der Kirchenväter Justinus dem Märtyrer und Origenes aus dem 2. Jahrhundert.

Rahels Grab weiter im Norden ist gegenwärtig ebenfalls von Wolken verdeckt. Der Kuppelbau, der aus dem 18. und 19. Jahrhundert stammt, ist ein wichtiges Heiligtum für das Judentum. Vor allem jüdische Frauen, die keine Kinder bekommen können, pilgern hierher. Durch eine Sicherheitsbarriere ist das Grab vom palästinensischen Bethlehem abgegrenzt und wird vom israelischen Militär bewacht.

KOORDINATEN:

Geburtskirche: 31.7043N, 35.2073E
Rahels Grab: 31.7199N, 35.2018E
Gilo: 31.7308N, 35.1896E
Beit Jala: 31.7211N, 35.1899E
Har Homa: 31.7258N, 35.2207E
Ramat Rachel: 31.7379N, 35.2194E
Eliaskloster: 31.7346N, 35.2107E

Bethlehems Umgebung

Zwischen Bethlehem und Jerusalem befinden sich mehrere Orte, die in den vergangenen Jahren in die internationalen Schlagzeilen geraten sind: Der Jerusalemer Stadtteil **Gilo** ist Ende des Jahres 2000 von palästinensischen Extremisten aus der kleinen arabischen Stadt **Beit Jala** heraus beschossen worden und wird seither durch eine Betonmauer gesichert. Der Hügel **Har Homa** ist seit 1997 unter internationalem Protest von Israelis besiedelt worden, denn er liegt in dem Gebiet, das erst 1967 während des

Sechstagekriegs von Israel erobert wurde. Israelische Dörfer und Städte auf ehemals jordanischem Gebiet im Westjordanland werden als illegale Siedlungen betrachtet.

Zahlreiche jüdische Siedler sehen es als ihre religiöse Aufgabe an, im biblischen Kernland, den sogenannten besetzten Gebieten, wohnen zu bleiben. Sie begründen ihr Recht dazu nicht nur aus der Bibel, sondern auch aus der jüngeren Geschichte. So gab es in Gaza, Hebron und überall im Westjordanland bis 1948 jahrhundertealte Ansiedlungen von Juden. Unter jordanischer Herrschaft sank die Zahl der Juden auf null und so verstehen sich die Bewohner der jüdischen Siedlungen nicht als Siedler, sondern als Heimkehrer, die ihren alten Wohnort wieder aufgesucht haben.

Ebenfalls in der Nähe Bethlehems, schon zu Jerusalem gehörend, befindet sich der Kibbuz **Ramat Rahel**, der 1926 gegründet, 1948 während des Unabhängigkeitskriegs zerstört und 1950 unmittelbar an der Grenze zu Jordanien wiederaufgebaut wurde. Auf dem 818 Meter hohen Hügel ist eine Ausgrabungsstätte, in der gegenwärtig – unter anderem unter Mitwirkung von Peter van der Veen – erfolgreich nach Spuren aus der Königszeit gegraben wird. Der Olivenpark am östlichen Ende des Hügels ist dank seiner eindrucksvollen Geometrie schön zu erkennen. 200 Bäume sind hier gepflanzt worden und weisen durch ihre konzentrische Anordnung auf ein Monument im Mittelpunkt hin.

Das **Eliaskloster** erhebt sich etwa 2 Kilometer nördlich von Bethlehem auf einem Hügel. Es wurde im 6. Jahrhundert erbaut und zuletzt von der griechisch-orthodoxen Kirche im 17. Jahrhundert erneuert.

Nazareth – Die Heimat Jesu

Nazareth in Galiläa wird im Alten Testament nie erwähnt, daher ist fraglich, ob die Stadt jemals bedeutend war, bevor die Christen sie als Wohnort ihres Heilands verehrten und im Laufe der Jahrhunderte zahlreiche Kirchen bauten. Und doch lag der Ort nahe an wichtigen Handelsstraßen und hatte so Kontakt zur weiteren Umgebung. Nazareth war der Heimatort von Maria und Josef; Gott sandte den Engel Gabriel hierher, um Maria die übernatürliche Empfängnis eines Sohnes zu verkünden (vgl. Lukas 1,26–38). Jesus wuchs hier auf und lernte beim Vater sein Handwerk als Zimmermann. Im Alter von etwa 30 Jahren predigte er in der Synagoge von Nazareth, stieß aber auf Ablehnung. Daraufhin sagte er den bekannten Satz: *»Wahrhaftig, kein Prophet gilt etwas in seiner Heimatstadt« (Lukas 4,24).*

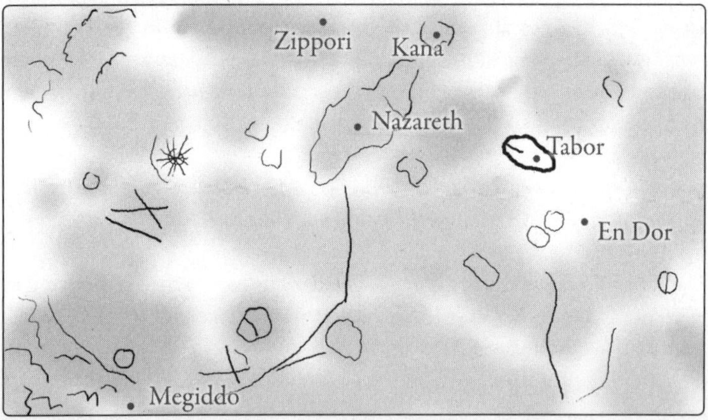

Nazareth und Umgebung: 32.6651N, 35.2941E – Sichthöhe: etwa 30 Kilometer. Galiläa bietet viele Sehenswürdigkeiten.

Heute ist Nazareth eine Stadt mit 64.500 Einwohnern, die Bewohner sind fast ausschließlich arabische Israelis, teils muslimischen und teils christlichen Glaubens. Die Stadt selbst kann man kaum als schön bezeichnen: Sie ist geprägt von überlasteten Straßen und einfachen Häusern, Grünanlagen und hübsch gestaltete Plätze fehlen fast völlig.

Unter der Kuppel der Kirche in Nazareth befindet sich die Verkündigungsgrotte: Die Architektur der modernen Kirche integriert auf gelungene Weise die Überreste ihrer Vorgängerbauten.

Die mit Abstand wichtigste Sehenswürdigkeit in Nazareth ist die Verkündigungskirche mit ihrer 37 Meter hohen Kuppel. Das Bauwerk hat eine dreischiffige Basilika, deren Fußboden durch eine Öffnung den Blick auf die tiefer gelegene Verkündigungsgrotte und Reste der frühesten Kirchenbauten freigibt. Genau über dieser Öffnung erhebt sich die Kuppel der Kirche. Die Verehrung der Verkündigungsgrotte geht bis ins 3. Jahrhundert zurück, die heutige Kirche – es ist die fünfte an dieser Stelle – wurde am 23. März 1969 geweiht und gilt als der bedeutendste moderne Kirchenbau in Israel. Das architektonische Konzept spannt einen Bogen zwischen den historischen Ursprüngen der Kirche und der weltweiten Ausprägung der heutigen katholischen Kirche.

In der Umgebung Nazareths befindet sich **Zippori**, eine auch als Sepphoris bekannte Ausgrabungsstätte mit römischem Theater, einer Kreuzfahrerburg, deren Obergeschoss einen schönen Ausblick bietet und ein Museum beherbergt, sowie Überresten römischer Villen mit eindrucksvollen Mosaikböden.

Das Dorf **Kana** war vielleicht Schauplatz der Hochzeit in Kana (Johannes 2,1–12), bei der Jesus sein erstes Wunder wirkte und Wasser in Wein verwandelte – es gibt aber noch andere Orte namens Kana, die diesen

Anspruch erheben. Zwei Kirchen und Wein mit dem Etikett *Wein aus Kana* erinnern an die christliche Tradition des Ortes.

Blick von En Dor auf den Berg Tabor.

Auf dem **Berg Tabor** haben in der Richterzeit die Prophetin Debora und der Feldherr Barak ihre Truppen gesammelt, um den Kanaanitern eine schwere Niederlage zuzufügen (Richter 4). Auf diesem Berg soll auch die Verklärung Christi stattgefunden haben.

Der Kibbuz **En Dor**, der 1941 gegründet wurde, befindet sich in der Nähe eines antiken Siedlungshügels. Dort hat nach biblischer Überlieferung König Saul eine Totenbeschwörerin nach der Zukunft befragt (1. Samuel 28). Eine schwer zu verstehende Geschichte, in der der Geist des verstorbenen Propheten Samuel Saul eine Niederlage im Kampf gegen die Philister vorhersagt.

Megiddo war im Altertum eine wichtige Festung und hat aufgrund seiner strategischen Lage bis ins 20. Jahrhundert hinein eine Rolle gespielt. Bei Ausgrabungen wurden ein salomonischer Palast und mehrere Bauten aus der Zeit Davids entdeckt. Dazu Opferstätten und Tempel aus der Kupfersteinzeit und der kanaanitischen Zeit, die bis ins 4. Jahrtausend v. Chr. zurückgehen.

Leider ist die Ausgrabungsstätte bei Google Earth noch nicht hochauflösend dargestellt. Es lohnt sich, immer mal wieder die Internetseite <www.bible-earth.net> zu besuchen. Dort wird darauf hingewiesen, sobald sich am Bildmaterial etwas verändern sollte.

KOORDINATEN:

Nazareth (Verkündigungskirche): 32.7021N, 35.2978E
Zippori: 32.7534N, 35.2791E
Kana: 32.7471N, 35.3385E
Berg Tabor: 32.6866N, 35.3915E
En Dor: 32.6582N, 35.4140E
Megiddo: 32.5827N, 35.1824E

Der See Genezareth – Auf den Spuren Jesu

Für einen Israelreisenden gehören die Stätten, an denen Jesus am **See Genezareth** wirkte, zum Pflichtprogramm. Busse voller Touristen besuchen Kapernaum, Tabgha, den Berg der Seligpreisungen und auch die Stadt Tiberias.

Ein Fischerboot auf dem See Genezareth.

Der See selbst liegt 210 Meter unter dem Meeresspiegel, ist 21 Kilometer lang, 12 Kilometer breit und bis zu 46 Meter tief. Der am Südufer gelegene Kibbuz Degania Aleph existiert seit 1909 und ist damit die älteste Siedlung dieser Form überhaupt.

KOORDINATEN:

Degania Aleph: 32.7097N, 35.5755E
Kapernaum: 32.8809N, 35.5754E
Tabgha: 32.8735N, 35.5493E
Berg der Seligpreisungen: 32.8808N, 35.5558E
Tiberias: 32.7902N, 35.5415E

Kapernaum

Kapernaum war Jesu Wohnort in der Zeit, als er in Galiläa und am See Genezareth wirkte. Der Zöllner Levi, der auch als der Evangelist Matthäus bekannt ist, wohnte in Kapernaum, ebenso ein römischer Offizier, der an Jesus glaubte, nachdem dieser seinen Diener geheilt hatte. Jesus heilte hier die Schwiegermutter des Petrus und andere Menschen. Er lehrte in der Synagoge und predigte *»– anders als die Schriftgelehrten – mit Vollmacht« (Markus 1, 22).*

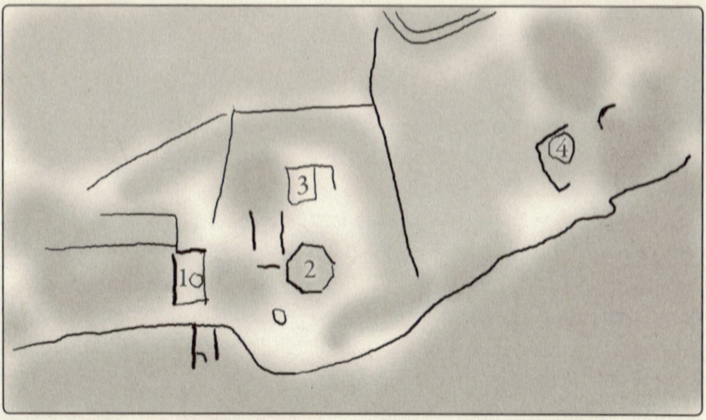

Kapernaum: 32.8809N, 35.5754E – Sichthöhe: etwa 450 Meter. Franziskanerkloster (1), Haus des Petrus (2), Synagoge (3), griechisch-orthodoxe Kirche (4).

Häuser, die in Kapernaum ausgegraben wurden, stammen aus dem 1. oder sogar 2. Jahrhundert v. Chr. Das wichtigste Gebäude ist das *Haus des Petrus*, über dem seit 1990 auf Stelzen eine von den Franziskanern errichtete Kirche (2) steht. Das Haus des Petrus ist ein achteckiger Raum, ein Kirchenbau aus dem 5. Jahrhundert. Es wurde offensichtlich auf den Resten eines noch älteren Wohngebäudes gefunden, auf dessen Putzresten die Inschriften *Jesus Christus* und *Petrus* mehrfach entdeckt wurden. Daher wird vermutet, dass das Haus schon im ausgehenden 1. Jahrhundert sakralen Charakter hatte und es sich tatsächlich um das Wohnhaus des Petrus handeln könnte.

Ebenfalls ausgegraben wurde die Synagoge (3) von Kapernaum mit ihren mächtigen Säulen. Allerdings stammt sie erst aus dem 3. oder 4. Jahrhundert. Aber man nimmt an, dass sie auf den Fundamenten einer Vorgängerin gebaut wurde: der Synagoge, in der Jesus gepredigt hat!

Weitere Bauten in Kapernaum sind das Franziskanerkloster (1) und die 1931 erbaute griechisch-orthodoxe Kirche (4) mit ihren malerischen roten Kuppeln.

Tabgha

Die Brotvermehrungskirche in Tabgha (arabisch für *Ort der sieben Quellen*) erinnert an die zwei verschiedenen Speisungswunder, von denen die Evangelien berichten: die *Speisung der Fünftausend* (Matthäus 14,13–21) und die *Speisung der Viertausend* (Matthäus 15,32–39), die sich in insgesamt neun Einzelheiten unterscheiden. Kaiser Konstantin ließ um das Jahr 350 die erste Kirche an dieser Stelle bauen. Das berühmteste Mosaik mit Brot- und Fischmotiv stammt aus dem 5. Jahrhundert. Daneben sind weitere Motive im späthellenistischen Stil ebenfalls in den Fußboden integriert. Die heutige Kirche aus dem Jahr 1982 wurde vom *Deutschen Verein im Heiligen Land* erbaut.

Brote und Fische – das berühmte Mosaik aus der Kirche in Tabgha.

Berg der Seligpreisungen

Die Bergpredigt ist die berühmteste Rede Jesu Christi und steht in den Kapiteln 5 bis 7 des Matthäusevangeliums. 1937 wurde hier eine römisch-katholische Kirche innerhalb eines schön angelegten Gartens errichtet, der Berg gilt aber schon seit früher Zeit als der Ort, an dem Jesus über den Ufern des Sees Genezareth zu seinen Anhängern sprach. Die acht Seiten der Kirche sind je einer der Seligpreisungen gewidmet, die Kuppel erinnert an die neunte: *»Denn im Himmel erwartet euch eine große Belohnung« (Matthäus 5,12).*

Tiberias

Das heutige Tiberias ist eine Stadt mit fast 40.000 Einwohnern und liegt am Westufer des Sees Genezareth, der in der Bibel auch *See von Tiberias* genannt wird (vgl. Johannes 6,1). Die Stadt ist ein geschäftiges Touristenzentrum und für ihre heilenden Thermalquellen bekannt. Archäologische Ruinen liegen neben modernen Wohnhäusern und Hotels. Vom Ufer des Sees auf 212 Metern unter dem Meeresspiegel erstreckt sich Tiberias den Hang hinauf bis auf eine Höhe von 245 Metern über Normalnull. Die Stadt wurde im 1. Jahrhundert n. Chr. gegründet und nach dem römischen Kaiser Tiberius benannt. In der Zeit, als die Römer allen Juden den Aufenthalt in Jerusalem verboten hatten, war Tiberias das geistliche Zentrum des rabbinischen Judentums.

Jafo (Joppe) – Die alte und neue Stadt

Jafo ist hebräisch und heißt *die Schöne.* Die Stadt diente für Jerusalem als Seehafen am Mittelmeer. In den apokryphen Makkabäerbriefen und in der Apostelgeschichte wird der griechische Name Joppe verwendet. Heute bildet Jafo mit Tel Aviv zusammen eine Doppelstadt und hat mit den umliegenden Gemeinden als größtes Ballungsgebiet Israels etwa 3,1 Millionen Einwohner.

APOKRYPHEN

Die Apokryphen des Alten Testaments gehören in der katholischen Kirche zur Heiligen Schrift. Auch in manchen evangelischen Bibeln sind sie als »Spätschriften des Alten Testaments« abgedruckt; Martin Luther hat sie als »nützliche Schriften« bezeichnet, die allerdings den zur Heiligen Schrift gehörenden Büchern nicht gleichwertig seien und auch nicht zur jüdischen Bibel gehören. In der Septuaginta, der griechischen Übersetzung des Alten Testaments, sind sie jedoch enthalten.

Der Grundstein für die Stadt Tel Aviv wurde im Jahr 1909 gelegt: Der Name bedeutet *Frühlingshügel* und stammt aus dem Titel der hebräischen Übersetzung des Romans *Altneuland* des zionistischen Vordenkers Theodor Herzl. Der Übersetzer Nahum Sokolow entnahm den Namen einem Vers aus Hesekiel 3,15, wo es heißt: *»Ich gelangte zu den Verbannten in Tel-Abib am Fluss Kebar.«*

Jafo, heute besser bekannt als Jaffa, ist dagegen sehr alt: Archäologische Ausgrabungen lassen eine Besiedlung schon um 1500 v. Chr. erkennen. In der Bibel wird Jafo erstmals in Josua 19,46 erwähnt. Ägypter und später Philister herrschten über die Hafenstadt, bevor David sie eroberte und der Hafen unter Salomo eine wichtige Rolle spielte. Später ging der Prophet Jona *»hinunter nach Jafo, wo er ein Schiff fand, das nach Tarsis auslief« (Jona 1,3).* Nachdem Cäsarea gegründet worden war, verlor der Hafen im 1. Jahrhundert v. Chr. an Bedeutung.

Als Petrus nach Joppe kam, erweckte er eine Frau mit Namen Tabita vom Tod und blieb danach noch eine Weile im Haus des Gerbers Simon wohnen (Apostelgeschichte 9,36–43).

Jaffa hatte die letzten zwei Jahrtausende hindurch eine wechselhafte Geschichte, die in einen Konflikt im Jahr 1948 mündete: Der UNO-Teilungsplan für das britische Mandatsgebiet Palästina sah vor, das arabisch geprägte Jaffa einem arabischen Staat zuzuteilen und das jüdische Tel Aviv dem Staat Israel. Doch im Unabhängigkeitskrieg eroberte Israels Armee Jaffa und schloss es 1950 unter dem Namen *Tel Aviv–Jaffa* zusammen.

Tel Aviv–Jaffa: 32.0129N, 34.8882E – Sichthöhe: etwa 30 Kilometer. Aus dieser Höhe bekommt man einen guten Überblick über das gesamte Ballungsgebiet, im Mittelpunkt ist der internationale Ben-Gurion-Flughafen (1) zu erkennen, allerdings nur in niedriger Auflösung. Der Hafen von Jafo (2) dagegen kann in hoher Auflösung betrachtet werden.

KOORDINATEN:

Jafo (Hafen): 32.0528N, 34.7489E
Ben-Gurion-Flughafen: 32.0129N, 34.8882E

Akko – Die letzte Festung der Kreuzfahrer

Bewegt man sich von Tel Aviv aus an der Mittelmeerküste entlang nach Norden, kann man weite Teile leider bisher nur in niedriger Auflösung betrachten, darunter die antike Hafenstadt **Cäsarea**, die zur Kreuzfahrerzeit eine zweite Blüte erlebte. Auch **Haifa**, Israels drittgrößte Stadt, ist nur schlecht zu erkennen. Jenseits der Bucht von Haifa aber liegt die sehenswerte Altstadt von **Akko** – wieder in hoher Auflösung.

KOORDINATEN:

Cäsarea: 32.5012N, 34.8918E
Haifa: 32.8221N, 34.9744E
Akko: 32.9223N, 35.0718E

Die orientalisch geprägte Altstadt Akkos mit ihren Moscheen, Karawansereien, Kreuzfahrergebäuden, Basargassen und den vor Anker liegenden Fischerbooten bildet einen eindrücklichen Gegenpol zum gewaltigen Industriehafen von Haifa, wo Tanker und Containerschiffe vor Anker liegen.

In der Bibel kommt Akko nur zweimal vor: in Richter 1,31 und in Apostelgeschichte 21,7 (hier unter der Bezeichnung Ptolemais). Die Stadt wird jedoch bereits in antiken Texten aus dem 14. Jahrhundert v. Chr. erwähnt. 332 v. Chr. wurde sie von Alexander dem Großen erobert. Abgesehen von genau 100 Jahren während der Zeit der Kreuzfahrer war die Stadt seit 638 immer unter muslimischer Herrschaft. Richard Löwenherz nahm die Stadt 1191 ein und machte sie zur Hauptstadt des Königreichs Jerusalem, nachdem die Heilige Stadt inzwischen schon von Sultan Saladin zurückerobert worden war. Akko war einer der letzten Stützpunkte der Kreuzfahrer und mit dem Fall der Festung waren die Kreuzzüge am 18. Mai 1291 endgültig gescheitert.

Die imponierendste Sehenswürdigkeit in Akko ist die heute unterirdische Kreuzfahrerstadt, ein gewaltiger Gebäudekomplex, der in den Jahren 1955 bis 1964 freigelegt wurde. Beeindruckend sind die drei mächtigen

Rundsäulen, die über ein Kreuzrippengewölbe die Decke im Refektorium, dem Versammlungssaal, abstützen.

Die unterirdische Kreuzfahrerstadt in Akko bleibt der Sicht von GOOGLE EARTH für immer verborgen.

Akko: 32.9223N, 35.0718E – Sichthöhe: etwa 1,2 Kilometer. Das Bild der Altstadt ist geprägt vom Leuchtturm (1), dem Fischereihafen (2), der Zitadelle (3) mit darunterliegender Kreuzfahrerstadt, der Ahmed-Jezzar-Moschee (4), dem ehemaligen Dominikanerkloster Khan el-Umdan (5) und der mächtigen Stadtmauer (6).

Karmel – Wo Feuer vom Himmel fiel

Karmel bedeutet *Obstgarten* – eine harmlose Bezeichnung für das, was sich auf diesem langgestreckten Bergrücken am Mittelmeer, der die Ebene Jesreel überragt, abgespielt hat: 1. Könige 18 beschreibt das Gottesurteil auf dem Berg Karmel, als Elia 450 Propheten Baals und 400 Propheten der Aschera versammeln ließ, um sich mit ihnen vor König Ahab zu messen und Gottes Größe zu demonstrieren. Die fremden Götter erwiesen sich als machtlos, der Gott Israels jedoch ließ Feuer vom Himmel herabfallen. *»Der Herr ist Gott! Der Herr ist Gott!« (1. Könige 18,39)*, erkannte das Volk daraufhin und warf sich zu Boden. Elia ließ die Baalspriester ergreifen und tötete sie eigenhändig!

Eine Skulptur erinnert am Kloster der Karmeliter an den Propheten Elia.

Den Blick vom Karmel kann man bei Google Earth schön simulieren, indem man in der Navigation den Blickwinkel fast in die Horizontale neigt und mit dem Drehrad die Landschaft nach allen Richtungen betrachtet. Noch näher an der Wirklichkeit ist ein 360°-Panorama-Film, der unter <www.bible-earth.net> in der Kategorie *Extras* zur Verfügung steht. Es lohnt sich aber letztendlich, einmal tatsächlich dort oben auf dem Karmel zu stehen und hinab in die Ebene Jesreel zu blicken. Kein Schlachtfeld der Welt hat durch die Jahrtausende mehr Blut gesehen als diese Ebene. Und auch die letzte Schlacht der Weltgeschichte soll sich nach der Offenbarung des Johannes hier beim Berg von Megiddo (*Har Megiddo*) abspielen: *»Und die bösen Geister versammelten alle Herrscher und ihre Heere an einem Ort, der auf Hebräisch Harmagedon genannt wird« (Offenbarung 16, 16).*

Auf dem **Berg Muhraka** steht heute das Eliaskloster, das der Karmeliterorden 1886 über den Resten einer älteren Kirche errichtet hat. Dieser katholische Orden gründete sich im Jahr 1150 auf dem Karmelgebirge und betreibt am Karmelkap in der Nähe von Haifa ein weiteres Kloster.

KOORDINATEN:

Karmel (Muhraka): 32.6727N, 35.0879E

Hebron – Umkämpftes Heiligtum

Hebron ist eine Stadt im Westjordanland, 30 Kilometer südlich von Jerusalem in 935 Metern Höhe im judäischen Bergland gelegen. Seit der Kanaaniterzeit ist die Stadt durchgehend bewohnt. 120.000 Palästinenser wohnen hier, dazu 600 jüdische Siedler, die in einzelnen Häusern leben – von der israelischen Armee schwer bewacht. Außerdem grenzt die Siedlung Kirjat-Arba an, in der weitere 7000 Juden leben. Immer wieder gibt es zwischen Juden und Moslems in Hebron schwere Ausschreitungen. Schon im Jahr 1929 wurde ein Massaker an 67 Juden verübt, der Rest der jüdischen Bevölkerung floh nach Jerusalem. Erst nach dem Sechstagekrieg 1967 siedelten sich wieder Juden in Hebron an. Am 25. Februar 1994 kam es zu einem der wenigen Terroranschläge, die je von einem Juden verübt wurden: Baruch Goldstein erschoss 29 Moslems und verletzte weitere in der *Höhle der Patriarchen*. Anschließend wurde er selbst getötet.

Das ganze Konfliktpotenzial der Stadt Hebron konzentriert sich an eben dieser heiligen Stätte, die von Juden und Muslimen verehrt wird: Die Höhle Machpela ist der Ort, an dem Abraham seine Frau Sara begraben hat (1. Mose 23,19–20): *»Abraham begrub Sara in Kanaan, in der Höhle in Machpela bei Mamre, das ist bei Hebron. Der Acker samt der Höhle wurde Abraham von den Hetitern als Familiengrab übereignet.«*

Später wurden auch Abraham selbst, sein Sohn Isaak mit Rebekka sowie Jakob mit Lea hier beerdigt.

Herodes der Große baute die Stadt unter römischer Herrschaft aus und errichtete den großen Bau über der **Höhle Machpela**, der bis heute erhalten ist. Im 6. Jahrhundert baute Kaiser Justinian I. eine Kirche über dem Grab, die später in den *Haram el-Khalil*, das *Heiligtum des Freundes*, umgewandelt wurde – ebenfalls bekannt als Abraham-Moschee.

Erstmals nach 700 Jahren bekamen die Juden nach dem Sechstagekrieg wieder Zugang zum Heiligtum; die israelische Armee gewährleistet heute, dass Moslems und Juden das Grab der Erzväter besuchen können.

Die Höhle liegt gerade noch innerhalb eines hochauflösenden Bereichs. Unter der Internetadresse <www.machpela.com/english/videoTour.asp> befindet sich eine hübsch gestaltete interaktive Tour durch die Höhle Machpela.

KOORDINATEN:

Hebron (Höhle Machpela): 31.5240N, 35.1150E

Die Abraham-Moschee über der Höhle Machpela.

Nach dem Tod Sauls wurde der dreißigjährige David in Hebron zum König von Juda gesalbt und regierte von hier aus sieben Jahre lang, bevor er Jerusalem einnahm und zur Hauptstadt machte.

Sichem – Der Stein Josuas

Inmitten der palästinensischen Großstadt Nablus mit ihren 100.000 Einwohnern liegt die Ausgrabungsstätte des aus dem Alten Testament bekannten **Sichem.**

An diesem Tag schloss Josua in Sichem für das Volk einen Bund mit dem HERRN und gab ihnen Gebote und Ordnungen. Josua schrieb diese Dinge in das Gesetzbuch Gottes. Als Erinnerung an ihre Übereinkunft nahm er einen riesigen Stein und stellte ihn unter dem großen Baum neben der Stiftshütte des HERRN auf (Josua 24,25–26).

Bei den Ausgrabungen des alten Stadtkerns mit seinem heiligen Bezirk stieß ab 1913 der Bibelwissenschaftler Ernst Sellin auf eine gewaltige – wahrscheinlich israelitische – Befestigungsmauer und Überreste eines großen Tempels: Hier handelte es sich sicherlich um den Tempel des Baal-Berit, den die Israeliten in der Richterzeit anbeteten, als sie nach dem Tod Gideons dem Götzendienst verfielen.

KOORDINATEN:

Sichem: 32.2136N, 35.2820E
Berg Ebal: 32.2315N, 35.2728E
Berg Garizim: 32.2015N, 35.2736E
Kirjat Luza: 32.2029N, 35.2709E
Har Bracha: 32.1932N, 35.2659E

Es ist gut möglich, dass an dieser Stelle zuvor die Stiftshütte gestanden hatte, und zwar dort, wo Abraham Jahrhunderte zuvor nach Kanaan zur Eiche More in der Nähe von Sichem kam (1. Mose 12,6). Sellin entdeckte auch einen zwei Meter großen weißen Stein im Innenhof des Tempels, den er wieder aufstellen ließ, weil er ihn für den erwähnten Bundesstein Josuas hielt. Die herkömmliche Datierung ergab jedoch für Sellins Funde eine zu frühe Epoche und so fiel er aufgrund seiner biblischen Interpretation in Ungnade und wurde entlassen. Aus Sicht der alternativen Chronologie denkt jedoch zum Beispiel David Rohl, dass Ernst Sellin recht hatte und in Sichem tatsächlich sehr alte Spuren israelitischer Besiedlung in Kanaan gefunden hat. Noch heute steht der Stein innerhalb dieser Ausgrabungsstätte – jedoch völlig unbeachtet, da er von kaum jemandem mit Josua in Zusammenhang gebracht wird.

Nach dem Zerfall Israels in zwei Königreiche machte Jerobeam I. Sichem zur Hauptstadt des Nordreichs Israel. Wenige Jahrzehnte später wurde es durch Samaria abgelöst und immer unbedeutender.

Nördlich von Sichem liegt der Berg Ebal, gegenüber im Süden der Garizim: Von diesen Bergen sagte Mose: *»Wenn der HERR, euer Gott, euch in das Land bringt, in das ihr nun zieht, um es zu erobern, sollt ihr den Segen auf dem Berg Garizim und den Fluch auf dem Berg Ebal bekannt machen« (5. Mose 11,29).*

Auf dem Garizim befinden sich heute zwei Dörfer: das jüdische Har Bracha und Kirjat Luza, wo die Religionsgemeinschaft der Samaritaner lebt.

SAMARITANER

Im Gegensatz zum Judentum kennt die kleine religiöse Gemeinschaft der Samaritaner außer der Thora, den fünf Büchern Mose, keine heiligen Schriften. Die Samaritaner – in der Bibel auch Samariter genannt – entstammen den zehn Stämmen des Nordreichs Israel, das 722 v. Chr. von den Assyrern erobert wurde. Die neuen Herrscher verschleppten die israelitische Bevölkerung in andere Teile des assyrischen Reiches und bevölkerten das Land mit mesopotamischen Stämmen. Die wenigen verbleibenden Israeliten vermischten sich mit den neu Angesiedelten und dienten Gott auf dem Berg Garizim, der bis heute als Heiligtum gilt. Hier leben heute noch 300 Samaritaner, weitere 300 leben in Holon bei Tel Aviv. Im Gegensatz zu den Juden opfern die Samaritaner immer noch nach den Vorschriften der Thora am Passahfest Tiere, um Gottes Gebote zu erfüllen.

Zu Lebzeiten Jesu wurden die Samariter von den Juden verachtet und gehasst. Jesus jedoch begegnete ihnen respektvoll, so zum Beispiel der Samariterin am Jakobsbrunnen in Johannes 4. Der bekannteste Vertreter dieses Volkes – der barmherzige Samariter – diente Jesus im Gleichnis zum Vorbild für wahre Nächstenliebe.

Samaria – Hauptstadt des Nordreichs

Samaria war zwischen 876 und 722 v. Chr. Hauptstadt des Nordreichs Israel. Nach dieser Stadt ist die ganze Region Samarien benannt sowie die religiöse Gemeinschaft der Samaritaner.

König Omri gründete die Stadt als Hauptstadt auf einem zuvor unbesiedelten, 90 Meter hohen Berg. Die Assyrer zerstörten die Stadt bei der Eroberung Israels. Herodes der Große baute sie als Sebaste wieder auf (heute heißt das arabische Dorf unterhalb des Bergs Sebastiya), bevor sie nach Gründung der Stadt Neapolis, dem heutigen Nablus, durch Kaiser Hadrian im 2. Jahrhundert n. Chr. an Bedeutung verlor.

KOORDINATEN:

Samaria: 32.2795N, 35.1908E

Die ausgedehnten Ruinen von Samaria, die von einer römischen Stadtmauer umgeben sind, zeugen von zahlreichen Bauwerken: So wurde ein antikes Forum freigelegt, an das sich eine Marktbasilika aus dem Jahr 200 n. Chr. anschloss. 1908 bis 1911 und dann noch einmal in den 1930er-Jahren haben Archäologen eine Festung ausgegraben, zuvor gab es hier einen Augustustempel und anfangs sogar einen Palast, der von König Ahab erbaut worden war. Ein römisches Theater hat man ebenso entdeckt wie eine byzantinische Kirche und Teile einer israelitischen Mauer.

Die heutige Moschee ist aus einer Kreuzfahrerkirche hervorgegangen, die wiederum auf eine byzantinische Kirche des 4. Jahrhunderts zurückgeht. In einer Krypta werden die Gräber der Propheten Elisa und Obadja verehrt sowie die Beisetzungsstätte des Hauptes von Johannes dem Täufer, der von Herodes Antipas geköpft wurde (Markus 6,14–29).

Silo – Hundert Jahre Standort der Stiftshütte

Den meisten Bibellesern mag es nicht geläufig sein, doch spielte **Silo** in der Vorkönigszeit eine wichtige Rolle. Die jüdischen Siedler sind sehr stolz darauf, an diesem für ihren Glauben wichtigen historischen Ort zu leben – allen Widrigkeiten und politischen Streitereien zum Trotz.

»Nun, da das Land unter der Herrschaft der Israeliten stand, kam die ganze israelitische Gemeinschaft bei Silo zusammen und stellte dort die Stiftshütte auf« (Josua 18,1). In Silo stand die Stiftshütte von 1175 bis 1080 v. Chr., bis die Stadt von den Philistern zerstört wurde. Sie erbeuteten die Bundeslade, brachten sie aber freiwillig zurück, nachdem Gott sie für diesen Raub mit Geschwüren bestraft hatte. Eine moderne Synagoge erinnert an das Aussehen der Stiftshütte, wie sie in der Bibel beschrieben ist.

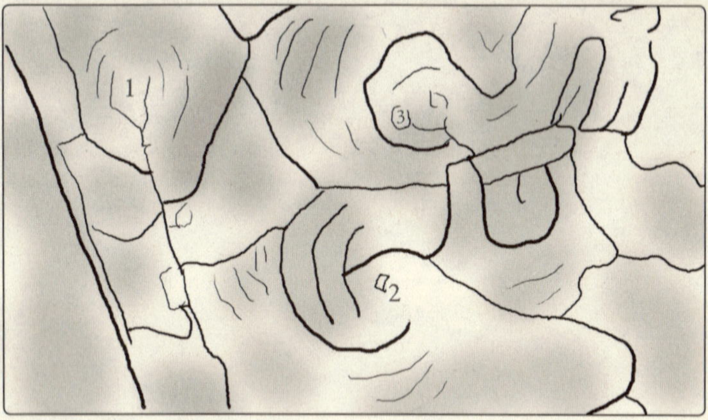

Silo: 32.0535N, 35.2947E – Sichthöhe: etwa 2,3 Kilometer. Auf dem Tell Silo (1) stand einst die Stiftshütte, eine moderne Synagoge (2) erinnert an ihr Aussehen, eine weitere Synagoge ist den zwölf Stämmen Israels gewidmet.

Einige Jahre vor der Eroberung durch die Philister wurde Samuel hier von seiner Mutter Hanna Gott geweiht. *»Ich habe den* H*ERRN gebeten, mir dieses Kind zu schenken, und er hat meine Bitte erfüllt. Jetzt gebe ich ihn* *dem* HERRN *und er soll ihm sein ganzes Leben lang gehören« (1. Samuel 1,27–28).* Damit gab sie ihn in die Obhut des Hohenpriesters Eli. Als Samuel etwas älter war, berief ihn Gott zum Propheten.

Archäologische Untersuchungen haben Scherben von Opfergefäßen zutage gefördert, die die biblischen Angaben über Silo untermauern: Größere Menschenansammlungen müssen hier einst Opfer gebracht haben. Erst 2006 haben Archäologen in Silo kunstvolle Mosaikfußböden aus byzantinischer Zeit entdeckt.

Auf den Hügeln Silos befinden sich jüdische Häuser und eine Synagoge (rechte Bildhälfte oben), deren Architektur sich an den biblischen Angaben für den Bau der Stiftshütte orientiert.

Dan – Kultstätte im Naturparadies

Die nördlichste Stadt des israelitischen Königreichs war **Dan.** *»Unter Salomos Herrschaft lebten ganz Juda und Israel in Frieden und Sicherheit. Und von Dan bis Beerscheba hatte jeder seinen eigenen Feigenbaum und seinen eigenen Weinstock« (1. Könige 5,5).*

Nahe des antiken Tell Dan wurde 1939 der Kibbuz Dan gegründet. Dort leben knapp 400 Menschen. Hier entspringt auch der Dan, einer der vier Quellflüsse des Jordan.

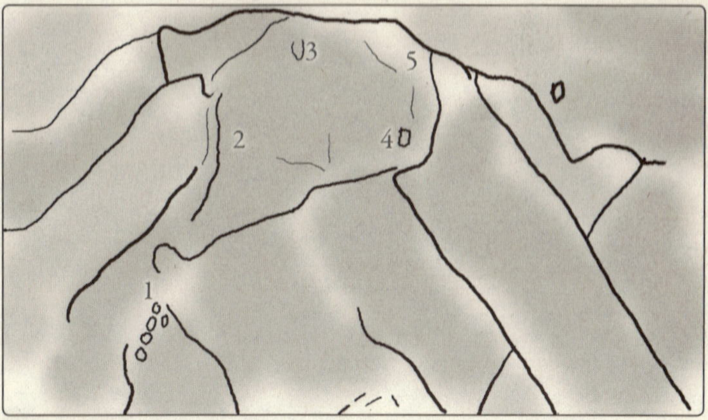

Dan: 33.2463N, 35.6527E – Sichthöhe: etwa 1,7 Kilometer. Über den Eingang (1) des Naturreservats gelangt man vorbei am idyllischen Bachlauf des Dan (2) zum israelitischen Heiligtum (3) sowie zu den Ruinen der Stadttore aus der Zeit des israelitischen Königreichs (4) und der Kanaaniter (5).

Das Tell-Dan-Naturreservat umfasst den antiken Siedlungshügel und den Quellbereich des Flusses mit seiner üppigen Vegetation. Die wichtigsten archäologischen Funde sind ein sehr gut erhaltenes bogenförmiges Tor aus kanaanitischer Zeit (5) (etwa 1800 v. Chr.) und ein israelitisches Stadttor aus der Zeit Salomos (4), das über eine Treppe hinaufführt zu den Resten einer religiösen Stätte (3). Mit hoher Wahrscheinlichkeit handelt es sich dabei um Überreste des Heiligtums, an dem Jerobeam ein goldenes Kalb anbeten ließ, um dem Volk – hauptsächlich aus politischen Erwägungen – die langen Pilgerreisen nach Jerusalem zu ersparen (1. Könige 12,28–29). Dieser Götzendienst »*wurde für das Volk zur Sünde, denn sie gingen nun hin und nahmen dafür sogar den weiten Weg nach Dan auf sich*« *(Vers 30)*. Unter den Königen Omri und Ahab wurde der heidnische Tempel später sogar noch vergrößert.

1993 und 1994 wurden auf Tell Dan Fragmente einer altsyrischen Inschrift aus dem späten 9. Jahrhundert v. Chr. entdeckt, auf der David als Gründer des judäischen Königshauses erwähnt wird.

Überreste eines israelitischen Heiligtums erinnern an den Götzendienst, zu dem manche Könige das Volk verführten.

Hazor – Hauptstadt der Kanaaniter

In kanaanitischer Zeit war Hazor wesentlich größer und bedeutender als Jerusalem und hatte in seiner Blüte wahrscheinlich bis zu 40.000 Einwohner. Aufzeichnungen, die in Mari am Euphrat gefunden wurden, erwähnen die Stadt in einem Atemzug mit Babylon. In der Bibel heißt es: *»Hazor war die Hauptstadt des Bundes all dieser Königreiche gewesen« (Josua 11,10)*, in den Versen 1–3 werden etliche Könige aufgezählt, die sich mit König Jabin von Hazor zusammengeschlossen hatten, um gegen Israel zu kämpfen. Durch einen Überraschungsangriff und Gottes Hilfe gelang Josua und seinen Kriegern aber ein Sieg gegen die Übermacht und schließlich wurden der König und die Einwohner von Hazor ausgelöscht und die Stadt in Brand gesetzt. Tatsächlich gibt es in den ausgegrabenen Schichten aus der Mittleren Bronzezeit Belege für eine gründliche Zerstörung.

Überreste einer kanaanitischen Treppe.

Die israelitischen Könige Salomo und Ahab bauten die inzwischen wieder besiedelte Stadt weiter aus und machten sie zu einer mächtigen Festung. Mit der Zerstörung des Nordreichs unter Tiglat-Pileser III. von Assyrien wurde Hazor 732 v. Chr. erobert, zerstört und die Bewohner deportiert.

Danach existierte noch eine Festung bis ins 2. Jahrhundert v. Chr., jedoch ohne besondere Bedeutung.

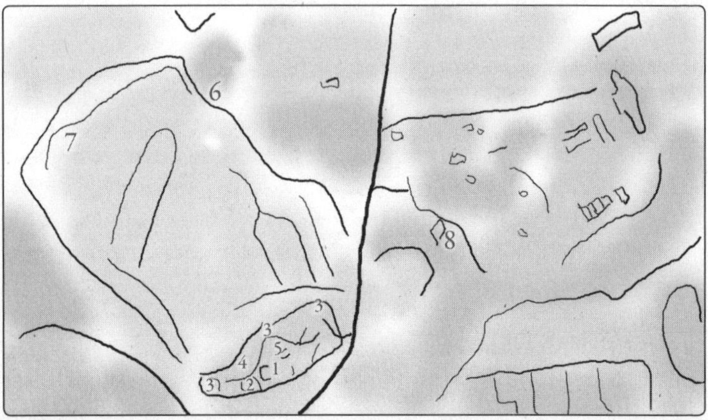

Hazor: 33.0219N, 35.5710E – Sichthöhe: etwa 2,2 Kilometer. Auf dem Tell Hazor finden sich Ausgrabungen aus über 1500 Jahren Siedlungsgeschichte. Ruinen aus der israelitischen Königszeit geben Einblicke in biblische Geschichte.

Die Ausgrabungsstätte auf dem Tell Hazor hat eine beeindruckende Ausdehnung. Der Besucher kann eine vielleicht 3500 Jahre alte Zeremonialtreppe begehen, die zu einem kanaanitischen Königspalast (1) hinaufführte. Das Wasserversorgungssystem (2) ist eine erstaunliche Ingenieurleistung aus der Zeit Ahabs: In einem 19 mal 25 Meter breiten Schacht führen Treppen 30 Meter hinab, bis zur Mündung eines Tunnels, der zu einem nochmals 10 Meter tiefer gelegenen Wasserbecken führt. Hier war der Grundwasserspiegel erreicht und so die Versorgung Hazors auch dann gesichert, wenn die Stadt belagert wurde.

Zwei Pfeilerreihen markieren ein großes Lagerhaus, das König Ahab oder aber Jerobeam II. angelegt hatte. Reste einer Befestigungsmauer, verschiedener Wohnhäuser und einer Festung stammen wahrscheinlich aus der Zeit Salomos. Spätere Könige wie Ahab und Jerobeam II. haben die Festung beträchtlich erweitert (3), (4), (5).

Auch in der Unterstadt wurde an verschiedenen Stellen gegraben, unter anderem fand man vier Tore (6) übereinander, die in aufeinanderfolgenden Siedlungsschichten erbaut wurden, sowie einen dreigeteilten Tempel (7) aus der Zeit der Richter, der ebenfalls über den Resten von älteren Tempeln errichtet wurde.

Das Hazor-Museum (8) im benachbarten Kibbuz Ayelet Hashahar beherbergt zahlreiche Funde aus den 21 Siedlungsschichten des Tells und auch ein Modell der antiken Stadt.

Teilweise wurden Gebäude an anderer Stelle wieder aufgebaut, um am ursprünglichen Platz in älteren Schichten die Grabung fortsetzen zu können.

Bet-Schean – Festung der Philister

Bet-Schean bedeutet *Haus der Ruhe*, die Stadt spielt in der Bibel nur eine untergeordnete Rolle. Die prominenteste Stelle, an der sie genannt wird, ist die Schilderung von König Sauls Tod in 1. Samuel 31,9–10: Nachdem die Philister seinen Kopf vom Körper abgeschlagen hatten, hängten sie Sauls *»Leichnam an der Mauer der Stadt Bet-Schean auf«*. Erst David gelang es, die Stadt für Israel zu erobern.

Bet Schean: 32.5019N, 35.4997E – Sichthöhe: etwa 1,1 Kilometer. Auf dem Tell (8) werden biblische Ereignisse lebendig.

Bet-Schean liegt 26 Kilometer südlich des Sees Genezareth und 100 Meter unter dem Meeresspiegel. Im Talmud heißt es: *»Falls der Garten Eden im Lande Israel ist, dann ist sein Tor in Bet-Schean.«* Ende der 1980er-Jahre kamen bei Ausgrabungen Ruinen der antiken Stadt Skythopolis zum Vorschein, die in byzantinischer Zeit aufgeblüht war und heute zu den am besten erhaltenen archäologischen Städten in Israel zählt. Über 6000 Sitzplätze zählte das römische Theater (1) aus dem 1. Jahrhundert n. Chr., schön zu sehen ist auch die 140 Meter lange Palladius-Straße (2) mit einem halbrunden Vorplatz (3). Die elegante Promenade bestand aus Säulenreihen und führte zum Theater hin. Eine Inschrift erwähnt den Provinzgouverneur Palladius, der im 4. Jahrhundert gelebt hat. Entlang der Straße gibt es Häuser und Räume mit schönen und gut erhaltenen Mosaikfußböden. Ein römischer Tempel (4), eine Basilika (5) und ein römischer Säulengang (6), der bei einem Erdbeben im Jahr 749 eingestürzt ist, sind weitere Sehenswürdigkeiten auf dem Gelände. 330 Meter südlich des Theaters befindet sich ein Hippodrom (7), in dem in römischer Zeit Wagenrennen ausgetragen wurden.

TALMUD

Der Talmud ist nach der Bibel (nur Altes Testament) das bedeutendste Schriftwerk der Juden und mit fast 10.000 Seiten sehr umfangreich. Er entstand in nachbiblischer Zeit zwischen 200 und 500 n. Chr. Der Talmud besteht aus Gesetzestexten und Kommentaren zur Bibel.

Aus biblischer Sicht viel wichtiger ist der Tell (8), der sich nördlich der byzantinischen Stadt erhebt: Hier wurden über 20 Siedlungsschichten entdeckt, die bis in die Jungsteinzeit zurückgehen. Dabei fand man auch kanaanitische Tempel, die dem der Astarte entsprechen könnten, der in 1. Samuel 31,10 erwähnt wird: Dort legten Sauls Mörder seine Rüstung nieder. Und diese alte Stadt umgab auch die schon erwähnte Mauer, an der Sauls Leichnam zur Schau gestellt wurde, bevor die Einwohner von Jabesch in Gilead Sauls Leiche und die seiner Söhne holten und sie in ihrer Heimatstadt verbrannten.

Die byzantinische Stadt Skythopolis vom Tell aus gesehen.

Das moderne Bet-Schean (9) wurde 1949 gegründet und erhielt 1999 den Status einer Stadt.

Masada – Symbol der Unabhängigkeit

»**Masada** darf nie wieder fallen!« – so schworen israelische Soldaten, wenn sie am Fuße dieses mächtigen Tafelberges am Toten Meer vereidigt wurden. Denn der Fall Masadas im Jahr 73 oder 74 n. Chr. bedeutete das Ende der jüdischen Herrschaft im Heiligen Land bis in die Mitte des 20. Jahrhunderts. Etwa 960 Männer, Frauen und Kinder nahmen sich damals nach zweijähriger Belagerung durch die Römer das Leben, wenige Augenblicke bevor diese die Burg stürmten und die Unterlegenen niedergemetzelt oder zu Sklaven gemacht hätten. Inzwischen findet die Vereidigung der israelischen Soldaten nicht mehr in Masada statt: Der Vergleich mit den fanatischen Zeloten geht vielen zu weit.

In der Bibel wird Masada nicht erwähnt. Und doch haben sich hierher wahrscheinlich David und seine Männer zurückgezogen, als sie vor König Saul geflohen sind. In Zisternen wurde damals schon – 1000 v. Chr. – Wasser gesammelt, und die natürliche Festung bot Schutz und Zuflucht in der kargen Wüste. Vielleicht dichtete David hier den 18. Psalm: *»Der Herr ist mein Fels, meine Burg und mein Retter« (Vers 3).*

Ruinen auf der Bergfestung Masada. Einen 360°-Panorama-Film von Masada finden Sie unter der Internetadresse <www.bible-earth.net> in der Kategorie *Extras*.

KOORDINATEN:

Masada: 31.3163N, 35.3538E

Qumran – Die Schriftrollen vom Toten Meer

Die berühmten Höhlen von Qumran.

1947 machte ein Beduinenjunge **Qumran**, das etwa 20 Kilometer südlich von Jericho unweit des Toten Meers liegt, weltberühmt: Durch Zufall entdeckte er in einer Höhle die ersten Schriftrollen, denen viele weitere folgten. Inzwischen wurden etwa tausend Rollenreste gefunden, die Zahl der Textfragmente beträgt über 80.000. Daraus konnten 15.000 zusammengehörige Textgruppen rekonstruiert werden. Die Schriftrollen bestehen aus Ziegenhaut oder Papyrus, eine einzige besteht aus Kupferblech. Die Schriften entstanden zwischen dem 3. Jahrhundert v. Chr. und dem Jahr 68 n. Chr., dem Jahr, als eine römische Legion Qumran zerstörte. Sie enthalten Teile aus dem Alten Testament, darunter die berühmte, fast vollständige Jesajarolle. Daneben gibt es Kommentare zu biblischen Texten und auch Schriften vorher unbekannter jüdischer Sekten. Aber auch Inventarlisten wurden in den insgesamt elf Höhlen aufbewahrt.

In der Nähe der Höhlen hat man Ruinen ausgegraben, bei denen es sich vermutlich um die Überreste einer Gemeinschaftssiedlung handelt. Die meisten Forscher gehen davon aus, dass dort Essener gelebt haben, die neben den Sadduzäern und Pharisäern die dritte religiöse Partei der Juden bildeten. Neben einem 24 Meter langen Speise- und Versammlungsraum fand man auch eine Schreibstube, eine Töpferei sowie Zisternen und Ritualbäder.

KOORDINATEN:

Qumran (Siedlung): 31.7413N, 35.4587E
Qumran (Höhlen): 31.7404N, 35.4576E

Elat – Das Urlaubsparadies

Die südlichste Stadt des heutigen Israel ist **Elat**. Nur zwölf Kilometer lang ist der Abschnitt, der Israel hier mit dem Roten Meer verbindet. Bei guter Sicht kann man von Elat aus die Küsten von Jordanien, Ägypten und Saudi-Arabien sehen. Direkt neben Elat mit seinen 45.000 Einwohnern liegt die jordanische Stadt Akaba mit einer Bevölkerung von etwa 80.000 Menschen.

In der Bibel spielt Elat eine untergeordnete Rolle, König Salomo diente es als Hafenstadt: *»Später baute König Salomo Schiffe in Ezjon-Geber bei Elat im Land Edom, an der Küste des Schilfmeeres« (1. Könige 9,26).*

Der Golf von Elat und Bergketten Jordaniens.

Aus der Vogelperspektive erkennt man den Flughafen, wohin die Linienflugzeuge der El-Al erschreckend tief über den Hotels einfliegen. Auch das Delfinarium und das Unterwasserobservatorium sind gut erkennbar. Neben dem Industriehafen gibt es auch einen Militärhafen, die restlichen Kilometer der Küstenlinie teilen sich einige Badestrände. Die Grenzübergänge Taba nach Ägypten und HaArava nach Jordanien kann man ebenfalls erkennen.

Wenn Sie die Einträge der Google-Earth-Community einblenden, erkennen Sie, dass die Zahl der Nutzer in Israel wohl erheblich höher sein muss als in Jordanien und Ägypten oder gar in Saudi-Arabien.

KOORDINATEN:

Flughafen Elat: 29.5535N, 34.9551E
Delfinarium: 29.5264N, 34.9361E
Unterwasserobservatorium: 29.5042N, 34.9187E
Industriehafen: 29.5325N, 34.9416E
Militärhafen: 29.5431N, 34.9510E
Grenzübergang Taba: 29.4911N, 34.9030E
Grenzübergang HaArava: 29.5751N, 34.9774E

BIBLE-EARTH-TIPP:

Natürlich gibt es noch viele weitere biblische Orte in Israel, hier wurden nur die wichtigsten erwähnt. Unter der Adresse <www.bible-earth.net> werden in Zukunft noch weitere sehenswerte Reiseziele beschrieben, immer auch abhängig vom aktuellen Datenbestand in Google Earth.

Kleinasien – Die ersten christlichen Gemeinden

Das Wirken Jesu beschränkte sich geografisch gesehen auf ein vergleichsweise kleines Gebiet: auf die Provinzen Judäa (mit Jerusalem als Hauptstadt), Samaria und die Gegend um den See Genezareth sowie Peräa jenseits des Jordans. Und auch Petrus verließ kaum einmal das Heilige Land.

Mit Paulus aber begann schon bald nach der Himmelfahrt Christi die Ausbreitung des Evangeliums weit über die Grenzen Israels hinaus, und auf seinen Spuren sollen nun die biblischen Orte Kleinasiens und Europas vorgestellt werden.

Die Missionsreisen des Apostels Paulus führen uns zuerst in die heutige Türkei, später nach Europa: In Griechenland und schließlich in Rom gründete Paulus neue Gemeinden. Auch die Briefe des Neuen Testaments sowie die sieben Sendschreiben der Offenbarung führen an Orte, deren Geschichte durch die Geschehnisse im ersten Jahrhundert geprägt wurde. Oft kennt man die biblischen Stätten unter anderem Namen, so heißt Smyrna heute zum Beispiel Izmir. Oder man weiß teilweise gar nicht mehr, wo sie sich befunden haben. Historische Spuren aus der Bibel findet man wenige, denn die frühen Christen haben nicht so üppig gebaut wie die Könige des Alten Testaments. Trotzdem gibt es hier und da Angaben in der Bibel, die einen deutlichen Bezug zu den archäologischen Erkenntnissen herstellen (Ephesus, Athen) und zahlreiche Kirchen erinnern heute noch an die Frühzeit der Christenheit.

Antiochia – Stützpunkt der ersten Christen

In der Bibel werden zwei Städte mit dem Namen Antiochia erwähnt: Antiochia in Pisidien und **Antiochia in Syrien**. Es gab in hellenistischer Zeit über 20 Städte dieses Namens, benannt nach verschiedenen Herrschern mit dem Namen Antiochus. Sogar Jerusalem hieß anscheinend unter der Herrschaft der hellenistischen Seleukiden im 2. Jahrhundert v. Chr. für eine kurze Zeit Antiochia! Die Stadt in Pisidien, die Paulus und Barnabas auf ihrer ersten Missionsreise besuchten, ist eher unbedeutend und spielt auch in der Bibel keine besonders wichtige Rolle. Bei GOOGLE EARTH ist sie hochauflösend dargestellt.

KOORDINATEN:

Antiochia in Pisidien: 38.2974N, 31.1798E
Antiochia in Syrien (Grottenkirche): 36.2090N, 36.1787E
Antiochia in Syrien (Museum): 36.2020N, 36.1600E

Die Stadtmauern von Antiochia in Syrien auf einer Illustration aus dem 19. Jahrhundert.

Antiochia in Syrien liegt heute in der Türkei, an der Grenze zum heutigen Staat Syrien. 30 Kilometer vom Meer entfernt fließt der Orontes durch die Stadt, die heute Antakya heißt und in der 155.000 Menschen leben. Der Fluss trennt die am westlichen Ufer gelegene Neustadt von der Altstadt, die ostwärts hinauf am Hang liegt. Die wichtigste Sehenswürdigkeit befindet sich leider außerhalb des hochauflösenden Bereichs: Die Grottenkirche St. Peter wurde vom Vatikan offiziell zur ältesten Kirche der Christenheit erklärt. Nach der Überlieferung soll sie von Petrus selbst eingeweiht worden sein. In der Neustadt gibt es direkt am Fluss ein archäologisches Museum mit einer der bedeutendsten Sammlungen römischer Mosaike.

Von Jerusalem flohen die verfolgten Christen nach dem Märtyrertod des Stephanus nach Antiochia und so entstand eine der größten Gemeinden des frühen Christentums. Antiochia war damals die drittgrößte Stadt des Römischen Reiches und ein wichtiges kulturelles Zentrum. Viele Ortsansässige bekehrten sich, darunter Griechen – aber auch Angehörige der großen jüdischen Gemeinde, die es in der Stadt schon gab. *»In Antiochia nannte man die Gläubigen zum ersten Mal Christen« (Apostelgeschichte 11,26).* Paulus und Barnabas lebten hier für ein Jahr, um die Gemeinde zu lehren. Für alle drei großen Missionsreisen des Apostels war Antiochia der Ausgangspunkt. Außerdem kam es hier nach Galater 2,11–21 zu einer Auseinandersetzung zwischen Paulus und Petrus über das Verhalten gegenüber den Heidenchristen.

Ephesus – Auseinandersetzung um ein Weltwunder

Das dritte der Sieben Weltwunder, das in diesem Buch – nach den Hängenden Gärten in Babylon und den Pyramiden – erwähnt wird, ist der Tempel der Artemis in **Ephesus**. Ephesus war in römischer Zeit eine der wichtigsten Metropolen überhaupt. Ein Zentrum des Welthandels, Hauptstadt der Provinz Asia mit 300.000 Einwohnern. Die Hafenstadt war Verbindungsglied zwischen dem Osten und dem Westen und berühmt für ihren sagenhaften Wohlstand. Den Namen *Krösus* kennt jeder, doch nur wenige wissen, dass er ein lydischer König war, der im 6. Jahrhundert v. Chr. lebte und unter anderem durch seine Freigiebigkeit gegenüber den Tempeln von Delphi und Ephesus für seinen sprichwörtlichen Reichtum bekannt wurde.

Verursacht durch geologische und klimatische Veränderungen liegen die Ruinen des antiken Ephesus heute 6 Kilometer von der Küste entfernt – etwas westlich der Kleinstadt Selçuk, die ihren Namen von den Seldschuken bekommen hat, einer muslimischen Fürstendynastie im Mittelalter.

Ephesus: 37.9470N, 27.3515E – Sichthöhe: etwa 3,6 Kilometer. Ephesus bietet viele Sehenswürdigkeiten aus 2600 Jahren Geschichte.

Unterhalb der alten Burg (1), die auf einem Hügel die Stadt Selçuk (2) überragt, befinden sich die Ruinen der Johannesbasilika (3). Der Apostel Johannes und Maria, die Mutter Jesu, sollen sich der christlichen Überlieferung zufolge nach der Himmelfahrt in Ephesus niedergelassen haben. 7 Kilometer von Selçuk entfernt wird das Wohn- und Sterbehaus von Maria verehrt (*Meryemana*). Papst Benedikt XVI. hat es am 29. November 2006 besucht und auch viele Muslime verehren dort die *Mutter des Propheten*.

KOORDINATEN:

Ephesus: 37.9470N, 27.3515E
Meryemana: 37.9120N, 27.3326E

Evangelium kontra Artemis

Ebenfalls südlich unterhalb der Burg steht eine Moschee (4) und in gerader Verlängerung hat man Überreste des berühmten Artemis-Tempels (5) ausgegraben. Dieses Weltwunder spielt auch im Neuen Testament eine wichtige Rolle:

In Apostelgeschichte 19,23–29 wird berichtet: *»Etwa um diese Zeit kam es in Ephesus zu heftigen Ausschreitungen über den neuen Glauben. Den Anstoß gab der Silberschmied Demetrius, der eine große Werkstatt für Silberstatuen der griechischen Göttin Artemis besaß und viele Kunsthandwerker beschäftigte. Er rief die Handwerker und einige andere, die diesem Gewerbe angehörten, zusammen und erklärte: ›Männer, ihr wisst alle, dass unser Wohlstand auf diesem Geschäft beruht. Wie ihr gesehen und gehört habt, hat dieser Paulus vielen Leuten eingeredet, dass handgefertigte Götter gar keine Götter sind. Und das geschah nicht nur hier in Ephesus, sondern überall in der ganzen Provinz! Natürlich spreche ich hier nicht nur von dem Verlust an Ansehen für unser Geschäft. Ich befürchte auch, dass der Tempel der großen Göttin Artemis an Einfluss verlieren könnte und dass Artemis selbst – die herrliche Göttin, die überall in der Provinz Asien und in der ganzen Welt verehrt wird – ihr Ansehen einbüßen könnte!‹ Bei diesen Worten gerieten die Leute in Zorn und fingen an zu schreien: ›Groß ist die Artemis der Epheser!‹ Es kam zu einem Menschenauflauf, und bald war die ganze Stadt in Aufruhr. Sie rannten zum Amphitheater und ergriffen*

Gajus und Aristarch, die Reisebegleiter von Paulus aus Mazedonien.« Wie die Affäre ausging, steht in den weiteren Versen des Kapitels. Wichtig ist hier hauptsächlich die lebendige Verbindung des biblischen Berichts zur archäologisch bestätigten Wirklichkeit!

Der Tempel wurde im Jahr 262 von den Goten zerstört. Heute ragt an der Stelle des wunderbaren Bauwerks nur noch eine einzelne wiederaufgerichtete Säule aus dem Sumpfland.

Das antike Ephesus

Die eigentliche Stadt befindet sich etwas westlich des Hügels und wurde ab dem 19. Jahrhundert ausgegraben, anfangs im Auftrag des Britischen Museums, seit 1895 durch österreichische Archäologen. Die Ausgrabungsstätte Ephesus ist heute eine der wichtigsten Touristenattraktionen in der Türkei und die Regierung hat sich sehr um die Restaurierung und Präsentation der antiken Gebäude bemüht: Die Celsus-Bibliothek (6) aus dem 2. Jahrhundert n. Chr. wurde in den Jahren 1970 bis 1978 wieder zusammengesetzt und aufgerichtet; nun ist sie eines der imposantesten und berühmtesten antiken Bauwerke der Türkei.

Das Theater von Ephesus.

Auf dem Weg vom großen römischen Amphitheater (7), das in der Apostelgeschichte erwähnt wird, zum kleineren, ehemals überdachten Odeon (8) befinden sich Ruinen von Tempeln, die für die vergöttlichten römischen Kaiser angelegt wurden, zum Beispiel für Hadrian und Domitian.

Ruinen der Marienkirche (9) direkt neben dem Parkplatz erinnern an das im Jahr 431 einberufene 3. Ökumenische Konzil, auch als Konzil von Ephesus bekannt. Die Beschlüsse des Konzils – unter anderem wurde die Jungfrau Maria zur *Gottesmutter* erklärt – führten zur Abspaltung der Assyrischen Kirche des Ostens.

Gleich daneben sind die Hafenthermen (10), römische Bäder, die nicht nur eine hygienische Rolle spielten, sondern auch eine bedeutende gesellschaftliche. Ihre Hallen waren vermutlich bis zu 20 Meter hoch!

Nördlich des antiken Hafenbeckens (11) befindet sich heute ein kleiner Flugplatz (12) für Privatmaschinen und zur Bekämpfung von Waldbränden.

Pergamon – Der Thron des Zeus

Wie Ephesus ist auch Pergamon bekannt als eine der sieben Städte aus der Offenbarung, an die Johannes seine Sendschreiben richtete. Im Brief an den *Engel* von Pergamon steht: *»Ich weiß, dass du in der Stadt lebst, in der sich der große Thron Satans befindet; und doch bist du meinem Namen treu geblieben« (Offenbarung 2,13).*

Der Zeus-Altar aus Pergamon wurde mit Zustimmung der osmanischen Regierung nach Berlin gebracht und ist das wichtigste Ausstellungsstück des Pergamonmuseums.

Tatsächlich befand sich in Pergamon der mächtige Thron einer heidnischen Gottheit: Ein gewaltiger Zeus-Altar wurde im 2. Jahrhundert v. Chr. auf einer Grundfläche von 34 mal 36 Metern errichtet und verziert mit kunstvollen Reliefs, die den Kampf der griechischen Götter gegen die mythologischen Giganten darstellen. Heute steht der Altar im Pergamonmuseum in Berlin (siehe im Kapitel **Fundstücke** ab S. 181: Berlin).

Die Bezeichnung *Thron Satans* kann sich aber auch auf den hier begonnenen Kaiserkult beziehen: 29 v. Chr. entstand der erste Tempel, der einem römischen Kaiser – Augustus – geweiht war. Auch für die Anbetung der Göttin Athene und des Weingottes Dionysos war Pergamon religiöses Zenrum.

KAISER AUGUSTUS

Augustus (63 v. Chr. bis 14 n. Chr.) war der erste Kaiser des Römischen Reiches. Der Großneffe Julius Cäsars stellte nach der unruhigen Zeit, die Cäsars Ermordung folgte, und dem Zerfall der Republik mit der Einführung der Monarchie den inneren Frieden wieder her.

Im 2. und 3. Jahrhundert v. Chr. erlebte die Stadt als Königreich Pergamon ihre Blütezeit, später fiel sie Rom zu und wurde Hauptstadt der Provinz Asia, bevor sie diesen Status an Ephesus verlor.

Die Ruinen von Pergamon liegen exakt auf der Grenze zwischen einem hochaufgelösten Gebiet und schlecht aufgelöstem Bildmaterial. Zu sehen sind das Theater, der Tempel des Kaisers Trajan sowie des Gottes Dionysos. Direkt oberhalb des Theaters überragte das Athena-Heiligtum die Akropolis, der Zeus-Altar befand sich etwas südlich davon.

Am gegenüberliegenden Berghang hat jemand die Symbole der türkischen Flagge mit einem Durchmesser von über 70 Metern angebracht!

Südwestlich der heutigen türkischen Stadt Bergama liegen die Ruinen eines Asklepios-Heiligtums. Asklepios ist in der griechischen Mythologie der Gott der Heilkunst. Galenus von Pergamon, ein im 2. Jahrhundert v. Chr. lebender Arzt und Philosoph, verfasste Schriften, die bis mindestens ins 17. Jahrhundert hinein als medizinische Lehrgrundlage dienten. Das Heiligtum und das benachbarte Theater sind aus der Vogelperspektive gut zu erkennen.

Mit den Ausgrabungen in Pergamon beschäftigt sich übrigens seit 1878 das Deutsche Archäologische Institut.

KOORDINATEN:

Pergamon: 39.1319N, 27.1827E
Bergama: 39.1178N, 27.1767E
Türkische Flagge: 39.1272N, 27.1703E
Asklepios-Heiligtum: 39.1191N, 27.1647E

WEITERE KOORDINATEN IN DER TÜRKEI:

Die übrigen Städte der Sendschreiben haben eine eher untergeordnete Bedeutung und befinden sich bis auf eine Ausnahme derzeit in Gebieten, die nur in niedriger Auflösung dargestellt sind. Smyrna, die zweite Gemeinde (Offenbarung 2,8–11), heißt heute Izmir und ist mit über 3 Millionen Einwohnern die drittgrößte Stadt in der Türkei. Google Earth stellt die Stadt hochaufgelöst dar, zu sehen ist die Ausgrabungsstätte des antiken Smyrna.

Der Vollständigkeit halber hier die Koordinaten aller Städte der sieben Sendschreiben:

Ephesus: 37.9470N, 27.3515E
Smyrna: 38.4187N, 27.1387E
Pergamon: 39.1319N, 27.1827E
Thyatira: 38.9256N, 27.8569E
Sardes: 38.4766N, 28.1133E
Philadelphia: 38.3503N, 28.5182E
Laodizea: 37.7777N, 29.0675E

Weitere Ställen in der heutigen Türkei sind:

Perge: 36.9936N, 30.9892E
Tarsus: 36.9131N, 34.8920E
Ikonion: 37.8837N, 32.4944E
Derbe: 37.3481N, 33.2713E
Lystra: 37.5620N, 32.4506E
Troas: 39.5057N, 26.0788E
Myra (Nikolauskirche): 36.2448N, 29.9853E

sowie – ohne biblischen Bezug – das berühmte

Troja: 39.9576N, 26.2382E

Europa – Über Griechenland nach Rom

Philippi – Das Christentum kommt nach Europa

Ruinen des römischen Forums und einer frühchristlichen Basilika in Philippi.

In **Philippi** gründete Paulus auf seiner zweiten Missionsreise etwa im Jahr 50 die erste christliche Gemeinde in Europa. Lydia aus Thyatira hörte den Apostel und daraufhin *»öffnete der Herr ihr das Herz für die Botschaft, die Paulus verkündete«*. Nachdem Paulus einer Wahrsagerin einen Dämon ausgetrieben hatte, ließen einige Bewohner der Stadt Paulus und seinen Gefährten Silas ins Gefängnis werfen. Dann überstürzten sich die Ereignisse: Ein Erdbeben erschütterte das Gefängnis, der Gefängniswärter kam zum Glauben und schließlich entschuldigten sich die Amtsdiener bei Paulus und Silas sogar für die Gefangennahme und das öffentliche Auspeitschen (Apostelgeschichte 16,12–40).

Obwohl Paulus den Philipperbrief in Gefangenschaft schrieb, drückt er in besonderem Maße seine Freude aus und auch seine Liebe zu den Christen in Philippi.

Philippi ist nach Philipp von Makedonien benannt, dem Vater Alexanders des Großen, der die Stadt 358 v. Chr. eroberte und erweiterte. 42 v. Chr. fand hier die Schlacht zwischen den Mördern von Julius Cäsar – Brutus und Cassius – und dem späteren Kaiser Augustus und dem Feldherrn Marcus Antonius statt. Brutus und Cassius ließen ihr Leben, Augustus legte den Grundstein für eine Neuverteilung des Römischen Reiches und für seine Alleinherrschaft. Die Stadt war im Römischen Reich bedeutungsvoll durch ihre Lage an der Via Egnatia, einer römischen Hauptverkehrsstraße, die Rom mit dem Nahen Osten verband.

Ab dem 5. Jahrhundert erlebte Philippi eine neue Blütezeit als Wallfahrtsort der Verehrung des Apostels Paulus. Es entstanden einige monumentale Gotteshäuser, bevor die Stadt nach großen Erdbeben und dem Einrücken von Slawen und Bulgaren an Bedeutung verlor. Im Mittelalter wurden noch einmal Festung und Stadtmauern instand gesetzt, unter türkischer Herrschaft wurde der Ort aber aufgegeben.

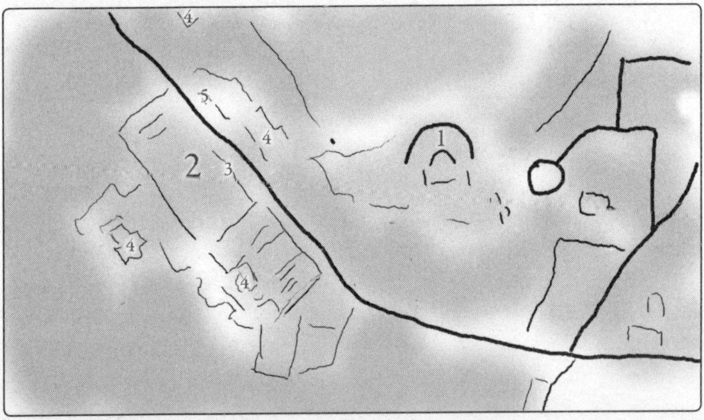

Philippi: 41.0123N, 24.2856E – Sichthöhe: etwa 700 Meter. Die Stadt lag an der Römerstraße Via Egnatia (3), später war sie ein bedeutender Pilgerort.

1914 haben französische Archäologen mit Ausgrabungen begonnen, deren Arbeit heute von den Griechen weitergeführt wird. Das Grabungsgelände ist von der viel befahrenen Straße in zwei Hälften geteilt. Ein antikes Theater (1), in dem heute gelegentlich antike Dramen aufgeführt werden, gehört zu den wichtigsten Stätten (bemerkenswert: Die Straße durch Philippi führt weiter nördlich zur Stadt *Drama*!). Außerdem bedeutsam sind ein römisches Forum (2), Überreste der Via Egnatia (3) sowie mehrere Ruinen alter Kirchen (4), von denen teilweise noch Mauerreste oder Mosaikfußböden erhalten sind. Eine Art Kellergewölbe (5), das man direkt an der Straße gefunden hat, gilt als das Gefängnis des Apostels Paulus.

Gut einen Kilometer nördlich des antiken Ortes gibt es eine Kapelle mit Taufstelle, idyllisch an einem Bach gelegen, die daran erinnert, dass sich Lydia und ihre Familie als erste Europäer taufen ließen.

Die Taufstelle in der Nähe der Ruinen von Philippi.

KOORDINATEN:

Philippi: 41.0123N, 24.2856E
Taufstelle: 41.0208N, 24.2765E
Drama: 41.1457N, 24.1573E

Thessalonich – Triumphbogen am Straßenrand

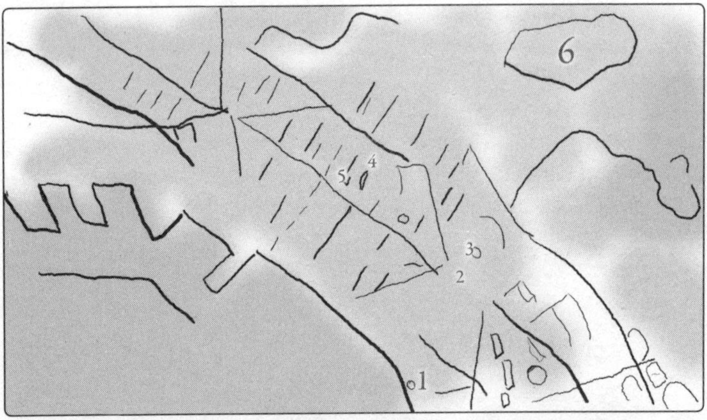

Thessalonich: 40.6359N, 22.9439E – Sichthöhe: etwa 3,6 Kilometer.

Thessalonich ist aus der Bibel bekannt, weil Paulus zwei Briefe an die dortige Gemeinde schrieb. Heute heißt die makedonische Stadt Thessaloniki, ihr Wahrzeichen ist der Weiße Turm (1). Dieser wurde erst im 16. Jahrhundert von den Türken zur Verstärkung der Seemauer erbaut. Die Stadt, die im Jahr 315 v. Chr. gegründet wurde und heute mit ihren Vororten eine Million Einwohner hat, birgt jedoch Sehenswürdigkeiten aus viel älterer Zeit.

Es ist ungewöhnlich, mit dem Auto durch eine moderne Großstadt zu fahren und plötzlich am Straßenrand einen römischen Triumphbogen zu erblicken: 297 n. Chr. wurde der Galerius-Bogen (2) errichtet, der heute mitten in Thessaloniki steht und an einen siegreichen Feldzug des römischen Kaisers erinnert. Derselbe Kaiser hat sich in der Stadt ein Mausoleum errichten lassen, das später zur Kirche, dann zur Moschee und wieder zur Kirche wurde, heute aber schließlich als Museum dient: Die Rotunda (3) ist ein Bauwerk von beeindruckender Größe, das mit seinem Durchmesser von über 24 Metern aus der Vogelperspektive schön zu sehen ist. Ausgegraben wird zurzeit auch ein römisches Forum (4) – mitten in der Stadt.

Die zahlreichen Kirchen aus frühchristlicher und byzantinischer Zeit haben die UNESCO 1988 dazu veranlasst, Thessaloniki in die Liste des Weltkulturerbes aufzunehmen. Eine der schönsten Kirchen ist die Panagia Chalkeon (5), sie befindet sich ganz in der Nähe des Forums.

Die Stadt selbst wiederum wird von einer Zitadelle (6) überragt, dem sogenannten *Siebenturm*. Das ummauerte Kastro-Viertel kann durch eines der mittelalterlichen Tore betreten werden und hat einen sehr dörflichen Charakter. Es bietet einen herrlichen Ausblick auf die Stadt, das Meer und bei klarer Sicht sogar bis zum 80 Kilometer entfernten Olymp.

KOORDINATEN:

Schnee auf den Dächern Thessalonikis: 40.6628N, 22.9830E
Auf einem Teil der Aufnahmen in Thessalonikis Umgebung scheint der Winter eingebrochen zu sein: Man sieht Schnee auf einigen Dächern, weiter ostwärts ist alles weiß!

Der Galerius-Bogen mitten in Thessaloniki.

Paulus predigte auf seiner zweiten Missionsreise an drei Sabbaten in der Synagoge von Thessalonich und *»zahlreiche gottesfürchtige Griechen sowie viele angesehene Frauen«* bekehrten sich (Apostelgeschichte 17,4). Kurzfristig wurden Paulus und Silas auch hier festgenommen, kamen aber schnell wieder frei und reisten weiter. Die beiden Briefe des Paulus an die Thessalonicher haben die Wiederkunft Christi zum Hauptthema und enthalten einige persönliche Ratschläge und Ermutigungen, aber auch Warnungen des Apostels. Sie wurden um 50 n. Chr. verfasst, wahrscheinlich als Paulus in Korinth war.

Das römische Forum wird derzeit weiter ausgegraben. Auf dem Gelände finden seit 1997 Ausstellungen und Konzerte statt.

KOORDINATEN DER WICHTIGEN GEBÄUDE:

Galerius-Bogen: 40.6322N, 22.9518E
Forum: 40.6379N, 22.9458E
Kirche Panagia Chalkeon: 40.6368N, 22.9438E
Rotunda: 40.6333N, 22.9529E
Weißer Turm: 40.6264N, 22.9485E

Korinth – Kanal durch den Fels

Die Reste des antiken **Korinth** mit seinen Tempeln aus römischer und Basiliken aus byzantinischer Zeit befinden sich leider knapp außerhalb eines Bereiches in hoher Auflösung. Direkt nördlich des Hafens der modernen Stadt (36.000 Einwohner) ist allerdings die westliche Mündung des Kanals hochauflösend zu sehen, der auf einer Länge von 6 Kilometern eine Landenge regelrecht durchschneidet. Diese Landenge verbindet das griechische Festland mit der Halbinsel Peloponnes. An dieser Stelle lohnt es sich wieder einmal, eine bestimmte Ebene in GOOGLE EARTH einzublenden: Unter *Geografie im Web* befinden sich die Markierungen von *Panoramio*. Auf den einblendbaren Bildern sehen Sie die Steilwände der Felsen, in die der schmale Kanal von Korinth in den Jahren 1881 bis 1893 gegraben worden ist. Bis zu 84 Meter tief haben sich die Arbeiter damals ins Gestein gegraben, um dem Schiffsverkehr den 400 Kilometer langen Umweg um den Peloponnes zu ersparen. Bemerkenswert sind die absenkbaren Brücken an den Enden des Kanals, sie können bei Bedarf unter Wasser versenkt werden. Und tatsächlich: Die Brücke auf der westlichen Seite ist auf der GOOGLE-EARTH-Aufnahme gerade abgesenkt, damit zwei Boote den Wassergraben passieren können. Die geringe Breite des Kanals von etwas über 20 Metern erlaubt aber nur die Passage kleinerer Schiffe, und so hat er heute an Bedeutung für die Schifffahrt verloren – nicht aber für den Tourismus!

Schon in der Antike spielten verschiedene Herrscher wie Cäsar, Hadrian und Nero mit dem Gedanken, die Landenge mittels eines Kanals zu durchqueren, allerdings wurden die Pläne nie in die Tat umgesetzt. Schon im 5. Jahrhundert v. Chr. wurde die Landenge aber auf einem Schiffskarrenweg, dem sogenannten Diolkos, überquert: Auf einem etwa 5 Meter breiten gepflasterten Weg transportierten die *Tyrannen von Korinth* (der Ausdruck *Tyrann* bezeichnete damals noch neutral einen König) entladene Schiffe mithilfe von Karren – eine mühsame Abkürzung! Teile des Diolkos wurden ausgegraben, beispielsweise kann man seinen Verlauf an der Straße zur Brücke hin erkennen.

KOORDINATEN:

Korinth (Kanalmündung): 37.9520N, 22.9598E
Schiffskarrenweg: 37.9499N, 22.9614E

Paulus lebte einige Zeit in Korinth (Apostelgeschichte 18,1–18) und schrieb die beiden Korintherbriefe an die dortige Gemeinde. Man spürt den Briefen ab, dass Korinth einen äußerst schlechten Ruf hatte, zum Beispiel, wenn Paulus schreibt: *»Ich kann kaum glauben, was mir über die Unzucht unter euch berichtet wird; so schlimme Dinge, dass nicht einmal die Menschen, die Gott nicht kennen, so etwas tun. Ich habe gehört, dass ihr einen Mann in eurer Gemeinde habt, der mit der Frau seines Vaters zusammenlebt« (1. Korinther 5,1).*

Der Kanal von Korinth.

Athen – Die Predigt vom »unbekannten Gott«

Athen ist die Hauptstadt Griechenlands und hat 730.000 Einwohner. Die Stadt ist seit 5000 Jahren kontinuierlich bewohnt und damit sicher eine der ältesten Siedlungen Europas.

KOORDINATEN:

Athen: 37.9720N, 23.7246E

In der Bibel spielt Athen nur eine Nebenrolle, die Begebenheit, die sich dort ereignete, zeigt aber sehr deutlich, dass der Apostel Paulus den griechischen Philosophen intellektuell gewachsen war und ihnen mit der frohen Botschaft der Auferstehung eine neue Perspektive für ihr Leben geben wollte. Die Denkweise der Athener mag sich auch in vielen Menschen der heutigen Zeit widerspiegeln und so scheint es überraschend aktuell, was Paulus über *den unbekannten Gott* erzählt, von dem auch heute viele nichts mehr wissen (wollen).

Die Begleiter des Paulus reisten mit ihm bis nach Athen; dann kehrten sie nach Beröa zurück und überbrachten Silas und Timotheus die Nachricht, ihm schnell nachzukommen. Während Paulus in Athen auf sie wartete, war er erschüttert über die vielen Götzen, die er überall in der Stadt sah. Er ging in die Synagoge, um mit den Juden und den gottesfürchtigen Nichtjuden zu reden, und sprach außerdem täglich auf dem Marktplatz zu allen, die sich gerade dort aufhielten. Auch mit einigen Philosophen – Epikureern und Stoikern – kam er ins Gespräch. Als er ihnen von Jesus und von der Auferstehung erzählte, meinten einige von ihnen: »Was für seltsame Ideen hat dieser Schwätzer.« Andere sagten: »Er verbreitet irgendeine fremde Religion.« Dann führten sie ihn vor den Rat der Philosophen. »Komm und erzähle uns mehr von dieser neuen Religion«, sagten sie. »Du sprichst von vielem, wovon wir noch nie gehört haben, und wir wollen wissen, was es damit auf sich hat.« Die Athener und auch die Fremden, die sich in Athen aufhielten, verbrachten ihre Zeit vor allem damit, die neuesten Ideen zu hören und darüber zu reden. Als Paulus nun vor dem Rat stand, rief er:

»Männer von Athen, ich habe bemerkt, dass ihr den Göttern besonders zugewandt seid, denn als ich umherging, sah ich eure vielen Altäre. Einer davon trug die Inschrift: ›Dem unbekannten Gott‹. Ihr habt ihn angebetet, ohne zu wissen, wer er ist, und nun möchte ich euch von ihm erzählen. Er ist der Gott, der die Welt und alles, was darin ist, erschuf. Weil er der Herr über Himmel und Erde ist, wohnt er nicht in Tempeln, die Menschen erbaut haben. Er braucht keine Hilfe von Menschen. Er selbst gibt allem, was ist, Leben und Atem, und er stillt jedes Bedürfnis, das ein Mensch haben kann. Aus einem einzigen Menschen hat er alle Völker der ganzen Welt hervorgebracht. Er hat im Voraus festgelegt, welche aufsteigen und welche stürzen sollten, und er hat ihre Grenzen festgelegt. Von Anfang an war es sein Plan, dass die Völker Gott suchen und auf ihn aufmerksam werden sollten und ihn finden würden – denn er ist keinem von uns fern. In ihm leben, handeln und sind wir. Wie einer eurer eigenen Dichter gesagt hat: ›Wir sind seine Nachkommen.‹ Deshalb sollten wir uns Gott nicht als Götzenbild vorstellen, das Kunsthandwerker aus Silber, Gold oder Stein anfertigen. Bis jetzt hat Gott über die Unwissenheit der Menschen hinweggesehen, doch nun gebietet er den Menschen auf der ganzen Welt, sich von den Götzen abzukehren und sich ihm zuzuwenden. Denn er hat einen Tag festgesetzt, an dem er die Welt gerecht richten wird, und zwar durch den Mann, den er dazu bestimmt hat. Und er hat allen bewiesen, wer dieser Mann ist, indem er ihn von den Toten auferweckte.« Als sie Paulus von der Auferstehung eines Menschen reden hörten, der tot gewesen war, lachten die einen, doch andere sagten: »Wir würden gern später mehr darüber hören.« Damit verließ Paulus die Versammlung, doch einige schlossen sich ihm an und fanden zum Glauben. Unter ihnen waren Dionysius, ein Ratsmitglied, eine Frau mit Namen Damaris und andere mehr (Apostelgeschichte 17,15–34).

Im Zusammenhang mit der Herrschaft des Seleukidenkönigs Antiochus IV. Epiphanes (Regierungszeit 175–164 v. Chr.) taucht Athen in den Apokryphen (siehe S. 106) auf: Das zweite Buch der Makkabäer berichtet davon, dass Antiochus einen Mann aus Athen nach Jerusalem sandte, um den Tempel zu entweihen und aus ihm ein Heiligtum des Zeus zu machen (2. Makkabäer 6,1–2). Dieses Ereignis löste den Aufstand der jüdischen Makkabäer aus, die gegen die Entweihung des Tempels ankämpften.

Nach Kapitel 9 des Buches bereute Antiochus seine antijüdische Einstellung, als Gott ihn später mit schrecklichen Leiden strafte, und wollte die ihm zuvor verhassten Juden Jerusalems sogar den Bürgern von Athen gleichstellen (2. Makkabäer 9,15).

Athen: 37.9720N, 23.7246E – Sichthöhe: etwa 900 Meter. Weltberühmt ist die Akropolis von Athen mit dem Parthenon-Tempel (1), dem Erechtheion (2), dem Nike-Tempel (3), dem Dionysos-Theater und dem Neuen Odeon des Herodes Attikus (5). Gegenüber der Akropolis liegt der Areopag (6), auf dem Paulus gesprochen hat – im Bibeltext als »Rat der Philosophen« bezeichnet.

Rom – Die Ewige Stadt

Rom wird gerne als *Ewige* Stadt bezeichnet. Doch im Vergleich zu den meisten anderen Orten in diesem Buch ist ihre Geschichte jung: Die Gründung Roms geht der Sage nach auf die Zwillinge Romulus und Remus zurück und wird auf den 21. April 753 v. Chr. datiert. Demnach hatte eine Wölfin die Zwillingssöhne des Kriegsgottes Mars gesäugt, später wurden diese von einem Hirten gefunden und aufgezogen.

Im Alten Testament finden wir nichts über Rom, die Stadt expandierte erst zu ihrer Größe und Macht, nachdem die biblischen Bücher schon geschrieben waren. Davor war Rom für die biblischen Autoren zu weit entfernt und unbedeutend.

Für die Geschehnisse des Neuen Testaments ist Rom als Stadt eher nachrangig und nur durch den Brief an die Römer und die Reisen des Apostels Paulus von Bedeutung, der selbst römischer Staatsbürger war. Das Umfeld des Römischen Reiches, das sich bis ins Heilige Land ausdehnte, prägte jedoch das Leben Jesu von seiner Geburt an bis zur Himmelfahrt.

Unter dem römischen Kaiser Augustus (Regierungszeit: 31 v. Chr. bis 14 n. Chr.) wurde der Zensus durchgeführt – die große Volkszählung, von der der Evangelist Lukas berichtet. König Herodes und Statthalter Pilatus waren von Rom eingesetzte Herrscher in der Provinz Judäa. Und die Kreuzigung war eine grausame römische Hinrichtungsmethode.

PONTIUS PILATUS

Pilatus war von 26 bis 36 n. Chr. Statthalter des römischen Kaisers Tiberius in der Provinz Judäa. Unter seiner Herrschaft wurde Jesus gekreuzigt. Es gibt historische Beweise für die Existenz des Pilatus: In Cäsarea haben Archäologen 1961 eine Inschrift mit seinem Namen gefunden. Auch die Geschichtsschreiber Flavius Josephus und Tacitus erwähnen ihn.

Kaiser Nero regierte von 54 bis 68 n. Chr. Er war an Kunst und Wissenschaft interessiert, gleichzeitig aber auch ein verbrecherischer und tyrannischer Herrscher.

Natürlich ist Rom für die Kirchengeschichte von größter Bedeutung: Nach der Zeit heftigster Christenverfolgung unter Nero gewann der Glaube an den Sohn Gottes knapp 250 Jahre später unter Kaiser Konstantin an Einfluss und wurde schließlich von Theodosius I. im Jahr 380 zur Staatsreligion erhoben. Der Vatikan festigte im Laufe der Jahrhunderte seine religiöse und politische Macht, und erst 1870 wurde das Königreich Italien gegründet – mit Rom als Hauptstadt und der Auflösung des Kirchenstaates. Der ungeklärte Status der Vatikanstadt wurde erst 1929 geregelt: Das kleine Gebiet innerhalb Roms wurde zum unabhängigen Territorium erklärt, zum kleinsten Staat der Welt! Die UNESCO hat die Altstadt von Rom sowie die Vatikanstadt und den Petersdom 1980 zum Weltkulturerbe erklärt. Die Stadt in der Provinz Latium hat heute 2,5 Millionen Einwohner und übertrifft in diesem Punkt mit Ausnahme von Izmir alle anderen Orte dieses Buches.

Roms Rolle in der Geschichte der Kirche entspricht derjenigen Jerusalems im Alten Testament. Rom ist Sitz der katholischen Kirche. Der im Vatikan residierende Papst sieht sich als Nachfolger des Apostels Petrus, dessen Leben nach der frühchristlichen Überlieferung in Rom sein Ende gefunden hat. Der Römerbrief des Apostels Paulus richtet sich an die dortige urchristliche Gemeinde und zeigt den beginnenden Einfluss des neuen Glaubens auf die Hauptstadt der damaligen Weltmacht. Auch Paulus starb in Rom den Märtyrertod. Zu neutestamentlicher Zeit lebten mehr als eine Million Menschen in der Stadt.

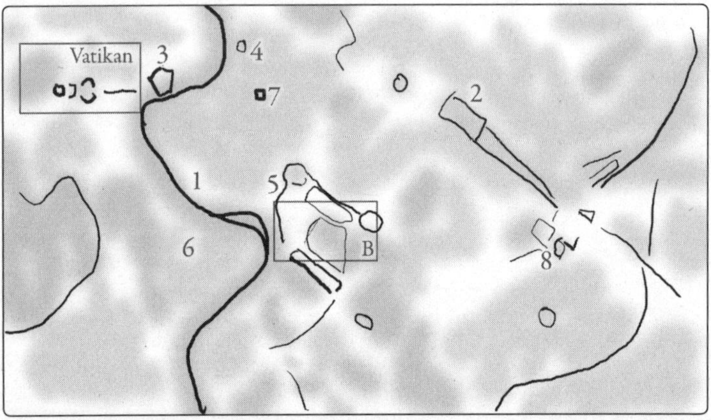

Rom (A): 41.8922N, 12.4896E – Sichthöhe: etwa 6,5 Kilometer. Wichtige Orientierungspunkte in Rom sind der Fluss Tiber (1), der Bahnhof Termini (2), die Engelsburg (3), das Augustus-Mausoleum (4), das Monument für König Viktor Emanuel II. (5), das Stadtviertel Trastevere (6), der Palazzo Chigi (7) – Sitz des italienischen Ministerpräsidenten – sowie die Kirche Santa Croce in Gerusalemme (8).

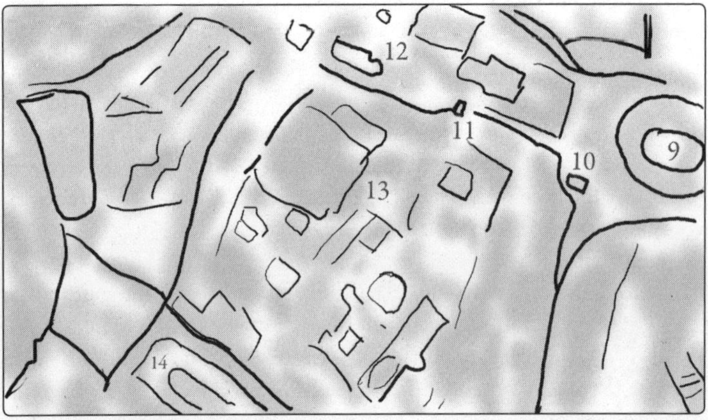

Rom (B): 41.8893N, 12.4868E – Sichthöhe: etwa 1000 Meter. Im Zentrum Roms: Kolosseum (9), Konstantin-Bogen (10), Titus-Bogen (11), Forum Romanum (12), Palatin (13) und Circus Maximus (14).

Das Kolosseum (9)

Das bis dahin größte Theater Roms fiel dem verheerenden Brand Roms im Jahr 64 n. Chr. zum Opfer. Daher ließ Kaiser Vespasian ein neues errichten, das mit Superlativen in die römische Geschichte einging: Das größte Amphitheater der Welt ist fast 50 Meter hoch, der große Durchmesser des elliptischen Bauwerks misst 188 Meter, der kleine 156. Es ist eines der bedeutendsten Bauwerke Italiens und auf der italienischen Fünf-Cent-Münze abgebildet.

Das Forum Romanum mit dem Titus-Bogen und im Hintergrund das Kolosseum.

Das Kolosseum wurde im Jahr 80 n. Chr. von Kaiser Titus mit 100-tägigen Spielen eingeweiht, bei denen 5000 wilde Tiere und zahlreiche Gladiatoren getötet wurden. 50.000 Zuschauer fanden in der Anlage Platz. Nach neuerer Deutung der Bauinschrift wurde das Kolosseum unter anderem mithilfe des geplünderten Goldschatzes aus dem Tempels von Jerusalem finanziert, mit Ausnahme der wichtigsten Beutestücke wie dem siebenarmigen Leuchter (siehe Anmerkungen zum Titus-Bogen auf S. 157).

Deutsche Archäologen haben den Bühnenmechanismus erforscht: Der Arenaboden war normalerweise mit Holzbohlen bedeckt. Diese konnten aber auch entfernt werden, um Seeschlachten nachzustellen, sogenannte *Naumachien*. Bei Gladiatorenkämpfen und Tierkämpfen haben nach Schätzungen einiger Historiker bis zu 500.000 Menschen im Kolosseum den Tod gefunden, dazu viele Millionen Tiere. Andere Gelehrte halten diese Zahlen allerdings für übertrieben. Beim Vorwurf, im Kolosseum seien viele Gläubige als Opfer von Christenverfolgungen ums Leben gekommen, handelt es sich wahrscheinlich um eine Legende aus der Mitte des 18. Jahrhunderts. Die zahlreichen Hinrichtungen unter Kaiser Nero fanden schon vor der Eröffnung des Kolosseums statt. 404 n. Chr. wurden Gladiatorenkämpfe verboten, Tierhetzen fanden noch weiterhin statt. Das letzte Spektakel ist aus dem Jahr 523 n. Chr. überliefert.

Im Laufe seiner fast 2000-jährigen Geschichte wurde das Kolosseum immer wieder von Bränden, Blitzschlägen und Erdbeben zerstört und musste einige Male restauriert werden. Vom Mittelalter bis ins 18. Jahrhundert hinein diente es, wie viele andere antike Bauten auch, als Steinbruch, und sogar im Petersdom des Vatikan wurden Steinblöcke aus dem Amphitheater verbaut.

In unmittelbarer Nachbarschaft steht der Konstantin-Bogen, der 315 n. Chr. fertiggestellt wurde und an den Sieg des ersten christlichen Kaisers Konstantin an der Milvischen Brücke erinnert. Viele der Reliefs wurden aus älteren Monumenten herausgebrochen und in diesem Bogen sozusagen *zweitverwertet*.

KAISER KONSTANTIN

Konstantin der Große wurde irgendwann zwischen 272 und 285 n. Chr. geboren (an einem 27. Februar) und starb am 22. Mai 337. Von 306 bis zu seinem Tod war er römischer Kaiser, allerdings erst ab 324 als Alleinherrscher. Konstantins Mutter Helena war Christin geworden und hatte bei ihrer Reise ins Heilige Land zahlreiche Kirchen bauen lassen (z. B. die Geburts- und die Grabeskirche). Ihrem Einfluss wird es zu verdanken sein, dass Konstantin eine entscheidende Wende in der römischen Geschichte herbeiführte und den Weg des Christentums zur Staatsreligion bereitete. Von der Nachwelt wird Konstantin unterschiedlich bewertet: Der orthodoxen Kirche gilt er als Heiliger, die katholische Kirche steht ihm etwas reservierter gegenüber, vermutlich auch, weil er die Hauptstadt des Römischen Reiches nach Konstantinopel (das heutige Istanbul) verlegte. Sein persönliches Verhältnis zum christlichen Glauben ist bis heute in vielen Punkten unklar. Taufen ließ er sich erst am Sterbebett.

Der Titus-Bogen (11) und das Forum Romanum (12)

Der Titus-Bogen markiert gegenüber dem Triumphbogen des Septimius-Severus das östliche Ende des Forum Romanum, dem Herzen des antiken Rom, das jahrhundertelang verschüttet war und heute als archäologischer Park Ruinen aus allen Epochen des römischen Imperiums zeigt. Für den biblisch Interessierten ist der Bogen, der an den Triumphzug des Kaisers Titus nach seiner Eroberung Jerusalems im Jahr 70 n. Chr. erinnert, sicherlich von größter Bedeutung.

KAISER TITUS

Titus lebte von 39 bis 81 n. Chr. und herrschte als Kaiser über das Römische Reich vom 24. Juni 79 bis zu seinem Tod. Bevor er an die Macht kam, führte er als 26-Jähriger eine der Legionen an, die unter seinem Vater Vespasian in den Jüdischen Krieg zogen. Kaiser war damals – im Jahr 66 n. Chr. – noch Nero. Nach Neros Tod 68 n. Chr. und drei weiteren Kaisern im sogenannten Vierkaiserjahr sicherte Vespasian den Thron für sich und seine Familie. Während sein Vater von Rom aus das Reich neu ordnete, blieb Titus im Osten und begann mit vier Legionen im Frühjahr 70 n. Chr. die Belagerung Jerusalems. Die innere Stadt und der Tempel hielten bis August stand, danach wurde alles getötet und die Stadt niedergebrannt. Die kurze Regierungszeit als Kaiser wurde von einem Vulkanausbruch, einem Brand in Rom und einer Seuche überschattet. Titus vollendete ein Jahr vor seinem Tod das Kolosseum.

Eines der Reliefs, die an der Innenseite des etwa 15 Meter hohen architektonischen Meisterwerks zu sehen sind, zeigt als Kriegsbeute den berühmten siebenarmigen Leuchter, den Schaubrottisch und rituelle Trompeten aus dem Jerusalemer Tempel. Es heißt, dass die Beutestücke fast 400 Jahre lang im Friedenstempel verblieben sind, bevor sie 455 von den Vandalen geraubt wurden. Seither sind sie verschollen.

Die Bundeslade befand sich übrigens nicht mehr unter den Tempelschätzen, von ihr fehlt schon seit dem 6. Jahrhundert v. Chr. jede Spur. Vielleicht ist sie nach dem Untergang Jerusalems in Babylon verblieben – die Bibel vermeldet allerdings nichts davon (siehe 2. Könige 25,13–17). So wird heute gerne über den Verbleib des wichtigsten Heiligtums der Juden spekuliert: Haben die Priester vor der Ankunft des babylonischen Heeres die Bundeslade vielleicht in einem Labyrinth tief im Inneren des Tempelbergs versteckt?

Der Titus-Bogen ist in einem ziemlich guten Zustand, was daran liegt, dass er seit dem Mittelalter mehrere Jahrhunderte lang Bestandteil einer größeren Festung war. Erst seit 1822 steht er wieder frei. Nach seinem Vorbild ließ Napoleon in Paris den bekannten Triumphbogen als Erinnerung an seine Siege bauen – allerdings mehr als dreimal so hoch wie das Original!

Palatin (13) und Circus Maximus (14)

Oberhalb des Circus Maximus, einer Anlage für Wagenrennen mit 600 Metern Länge und einem Fassungsvermögen von bis zu 385.000 Zuschauern, befindet sich der Palatin, einer der sieben Hügel, auf dem der Legende nach Rom im Jahr 753 v. Chr. gegründet worden ist. Auf dem Palatin stehen Ruinen zahlreicher Tempel, Paläste und anderer Gebäude. Der aus der biblischen Weihnachtsgeschichte bekannte Kaiser Augustus war der erste Kaiser, der hier residierte. In das **Haus des Augustus** zog sich der Herrscher zurück, wenn er wichtige politische Entscheidungen zu bedenken hatte. Schön zu sehen ist die **Domus Flavia**, der eigentliche, von Domitian erbaute Kaiserpalast. Er wurde 92 n. Chr. fertiggestellt; die erhaltenen Strukturen geben einen Überblick über den Grundriss des Gebäudes.

In Diener- und Sklavenwohnungen auf dem Palatin wurden antike Wandkritzeleien gefunden. Eine davon zeigt einen gekreuzigten Menschen, der einen Eselskopf trägt, und die Inschrift: »Alexamenos betet seinen Gott an.« Es ist die älteste überlieferte Darstellung des Gekreuzigten und stammt aus dem 3. Jahrhundert n. Chr. – ein Spottbild, das illustriert, was schon Paulus erklärte: *»Ich weiß, wie unsinnig die Botschaft vom Kreuz in den Ohren derer klingt, die verloren gehen. Wir aber, die wir gerettet sind, erkennen in dieser Botschaft die Kraft Gottes« (1. Korinther 1, 18).*

Das Spottbild eines Gekreuzigten mit Eselskopf.

KOORDINATEN WICHTIGER GEBÄUDE:

Haus des Augustus: 41.8889N, 12.4854E
Domus Flavia: 41.8890N, 12.4869E
Pantheon: 41.8988N, 12.4775E

Das Pantheon

Das Pantheon: ein einzigartiges Bauwerk.

Der einzige vollständig erhaltene Kuppelbau des Altertums, das Pantheon, war ein allen Göttern oder dem *Allgöttlichen* geweihtes Heiligtum, das Kaiser Hadrian zwischen 118 und 125 n. Chr. erbauen ließ. Die Kuppel entspricht genau der Hälfte einer Kugel mit einem Durchmesser von 43,30 Metern. Die vollständig gedachte Kugel würde exakt den Boden des Baus berühren. Licht fällt nur in die 9 Meter breite Öffnung im Zenit. Die Kuppel wurde über einer Holzverschalung aus Beton mit Tuffstein in einem Stück gegossen: das älteste Betonbauwerk der Welt!

Seit dem Jahr 608 ist der heidnische Tempel eine Kirche und beherbergt zudem die Gräber bedeutender Persönlichkeiten wie der italienischen Könige Viktor Emanuel I. und Umberto I. sowie der Königin Margherita. Auch der berühmte Maler Raffael (1483–1520) liegt hier begraben.

Das Pantheon, das Kolosseum und auch der Petersdom sind in GOOGLE EARTH als 3-D-Gebäude zu sehen, wenn man die entsprechende Ebene aktiviert.

Vatikan – Der Kirchenstaat

Die **Vatikanstadt** ist der kleinste souveräne Staat der Welt, der von den Vereinigten Nationen anerkannt ist. Der Kirchenstaat hat eine Fläche von 0,44 Quadratkilometern und weniger als 1000 Einwohner. Oberhaupt des Staates ist der Papst. Der Heilige Stuhl vertritt den Kirchenstaat auf internationaler Ebene, obwohl er als eigenständige Einrichtung und Leitung der römisch-katholischen Kirche vom Staat der Vatikanstadt zu unterscheiden ist.

Der Petersplatz mit dem ägyptischen Obelisken, dem Petersdom (links), der Sixtinischen Kapelle und dem Vatikanpalast (rechts).

Sitz des Papstes, Zentrum der römisch-katholischen Kirche und eine der größten Schatztruhen der Welt: Der Vatikan war schon in den allerersten Versionen von GOOGLE EARTH eine der wichtigsten Sehenswürdigkeiten, die in hoher Auflösung vorlagen.

Der Petersdom

Die Baugeschichte des Petersdoms ist kompliziert und soll hier nur kurz umrissen werden: Die Vorgängerkirche des Doms, eine frühchristliche Basilika, war schon im 14. Jahrhundert baufällig geworden, doch erst Papst Nikolaus V. gab Mitte des 15. Jahrhunderts einen Neubau in Auftrag. Die Arbeiten zogen sich über viele Jahre hin und mehrere weltbekannte Architekten befassten sich nacheinander mit dem Bauwerk: Bramante, Raffael, Michelangelo. Doch auch als Michelangelo 1564 starb, war der Bau längst nicht vollendet und seine Nachfolger stellten ihn erst 25 Jahre später fertig. 1607 wurde die Peterskirche verlängert und nach dem Bau der Fassade fand die Weihe schließlich am 18. November 1626 durch Papst Urban VIII. statt – genau 1300 Jahre nach der Einweihung der ursprünglichen Basilika, die Kaiser Konstantin hatte errichten lassen!

Das Petrus-Grab

Direkt unter der heutigen Kuppel des Doms und unter dem Hochaltar des berühmten Bildhauers Gian Lorenzo Bernini (1598–1680) befinden sich die vatikanischen Nekropolen: Bei Ausgrabungen in der Zeit von Papst Pius XII. von 1940 bis 1949 machten sich vier namhafte Wissenschaftler daran, die Grabstätte des Apostels Petrus zu suchen. Und an Weihnachten 1950 verkündete Pius XII. tatsächlich auf die Frage, ob man wirklich das Grab des Petrus wiedergefunden habe: Darauf könne »mit einem klaren Ja« geantwortet werden!

NEKROPOLE

Nekropole ist griechisch und bezeichnet eine Begräbnisstätte des Altertums. Meist wurden Tote außerhalb der Siedlungen begraben, bei vielen Völkern war dies vorgeschrieben. Oft entstanden ganze Totenstädte. Das griechische Wort »Nekropolis« heißt »Totenstadt«.

Die Archäologen hatten zwischen den Grundmauern von Konstantins Basilika mehrere Familiengräber reicher Bürger entdeckt, die um einfache Erdgräber herum angeordnet worden waren. Diese zentralen Gräber wurden schon Mitte des 2. Jahrhunderts mit einer Mauer eingefasst und bildeten später den Mittelpunkt der Basilika. Somit gilt als sicher, dass hier schon in früher Zeit das Grab des Apostels verehrt wurde.

Wie die Gebeine des Petrus hierhergekommen sein sollen, ist umstritten. Überhaupt sind auch die Ankunft und der Tod in Rom nicht bewiesen, beides entstammt der katholischen Überlieferung. Danach soll Petrus – zusammen mit Paulus – unter Kaiser Nero ins Gefängnis geworfen und später hingerichtet worden sein. Auf eigenen Wunsch wurde Petrus mit dem Kopf nach unten gekreuzigt, da er nicht würdig sei, denselben Tod wie Jesus Christus zu sterben. Die Hinrichtung wäre nach dieser Theorie irgendwann in den Jahren 64 bis 67 gewesen. Der Ort, an dem unter Nero die Märtyrer starben, war der Circus, der dort stand, wo sich heute der Vatikan befindet. Über die Bestattung der Apostel gibt es umstrittene Vermutungen und mehrere Kirchen in Rom, die zu ihrer Verehrung erbaut wurden.

In der Bibel selbst gibt es nur einen prophetischen Hinweis Jesu auf den Tod seines Jüngers: *»›... Doch wenn du alt bist, wirst du deine Hände ausstrecken, und ein anderer wird dich führen und hinbringen, wo du nicht hingehen willst.‹ So deutete Jesus an, auf welche Weise Petrus sterben würde, um Gott damit zu verherrlichen« (Johannes 21,18–19).*

Superlative

Die Bezeichnung *Petersdom* ist umgangssprachlich und eigentlich falsch, denn ein Dom (oder auch eine Kathedrale) bezeichnet normalerweise die Kirche eines Bischofssitzes. Sitz des Bischofs von Rom – des Papstes – ist aber die Lateranbasilika außerhalb des Vatikans. Die Peterskirche ist 133 Meter hoch und mit einer überbauten Fläche von 15.000 Quadratmetern die zweitgrößte Kirche der Welt. Noch größer ist nur die Basilika Notre-Dame de la Paix im Staat Elfenbeinküste, die der dortige Präsident zwischen 1986 und 1989 nach dem Vorbild des Petersdoms errichten ließ. Die Kirche in Rom fasst 60.000 Gläubige – das immerhin ist Weltrekord!

KOORDINATEN:

Lateranbasilika: 41.8858N, 12.5054E
Basilika Notre-Dame de la Paix: 6.8121N, 5.2961W

Vatikan: 41.9036N, 12.4560E – Sichthöhe: etwa 1,2 Kilometer. Petersplatz (1) und Petersdom (2) bilden das Zentrum der katholischen Welt. Die Sixtinische Kapelle (3), der Vatikanpalast (4) und die Vatikanischen Museen (5) sind weitere wichtige Gebäude im kleinsten Staat der Erde.

Der Petersplatz (1)

Der ägyptische Obelisk, der seit 1586 inmitten des Platzes steht, ist der einzige in Rom ohne Hieroglyphen. Römische Kaiser hatten 13 Obelisken als Siegestrophäen aus Ägypten mitgebracht, dieser hier stand einst im Circus des Nero. Der Schatten des Steinpfeilers ist gut zu sehen, im Pflaster des Platzes sind Steine eingelassen, die anzeigen, wohin an bestimmten Tagen des Jahres die Spitze zeigt.

Der Petersplatz wurde von Gian Lorenzo Bernini in den Jahren 1656 bis 1667 angelegt. Die Säulengänge an beiden Seiten der Ellipse sollen an mütterlich ausgebreitete Arme erinnern, denn die Peterskirche sei die Mutter aller anderen Kirchen, wie Bernini selbst sagte. Die Breite des Platzes beträgt 240 Meter, die Länge 340 Meter. Die 284 Säulen sind jeweils 15 Meter hoch. Während der Totenmesse zu Ehren von Papst Johannes Paul II. am 8. April 2005 hatten sich eine Million Pilger auf dem Petersplatz versammelt.

Vatikanische Museen (5) und Sixtinische Kapelle (3)

Schon im 15. Jahrhundert diente der Gebäudekomplex nördlich der Peterskirche als Bibliothek und Museum und heute befindet sich hier eine der bedeutendsten Kunstsammlungen der Welt, darunter die Sixtinische Kapelle mit dem berühmten Deckengemälde Michelangelos. Wenn man einen Eindruck von der wertvollen Sammlung bekommen will, empfiehlt sich ein Besuch der offiziellen Internet-Seite des Vatikan <www.vatican.va>. Hier gibt es virtuelle Besichtigungen der Museen in deutscher Sprache und viele weitere Informationen. Neben allem Wissenswerten über den Papst und die katholische Kirche erlaubt die Homepage sogar einen Blick in das Vatikanische Geheimarchiv!

Tief unter der Kuppel und dem Hochaltar des Petersdoms befindet sich das Grab des Apostels.

Fundstücke rund um die Welt

Nachdem nun das Ende der virtuellen Reise zu biblischen Stätten erreicht ist, gilt es mit GOOGLE EARTH noch einige faszinierende Plätze auf dieser Erde zu entdecken, die entweder ebenfalls mit Religion zu tun haben oder einfach nur spannend zu betrachten sind. Dabei kommen auch Regionen der Weltkugel auf den Bildschirm, die in biblischen Tagen noch unbekannt waren.

Reliquien – Zwischen Archäologie und Aberglaube

In diesem Abschnitt verschwimmen die Grenzen zwischen Archäologie und Reliquienkult. Vielleicht deshalb, weil da eigentlich gar keine Grenzen sind. Es gibt archäologische Funde, die gefälscht wurden – und auch Reliquien, die aller Wahrscheinlichkeit nach echt sind. Daher werden verschiedene Gegenstände unter die Lupe genommen, die angeblich direkt mit dem Sterben und Auferstehen Jesu Christi in Zusammenhang stehen:

DIE WICHTIGSTEN RELIQUIEN

- Die Holztafel vom Kreuz Jesu mit der unter dem Kürzel *INRI* bekannten Inschrift. INRI steht für *Iesus Nazarenus Rex Iudaeorum*.
- Das Turiner Grabtuch, die bekannteste und umstrittenste Reliquie überhaupt.
- Das Schweißtuch aus Ovedio in Spanien mit verblüffenden Parallelen zum Grabtuch.
- Das Muschelseidentuch von Manoppello, bekannt geworden durch den Autor Paul Badde.

Die Orte, an denen diese Gegenstände zu finden sind, können alle mit GOOGLE EARTH hochauflösend betrachtet werden.

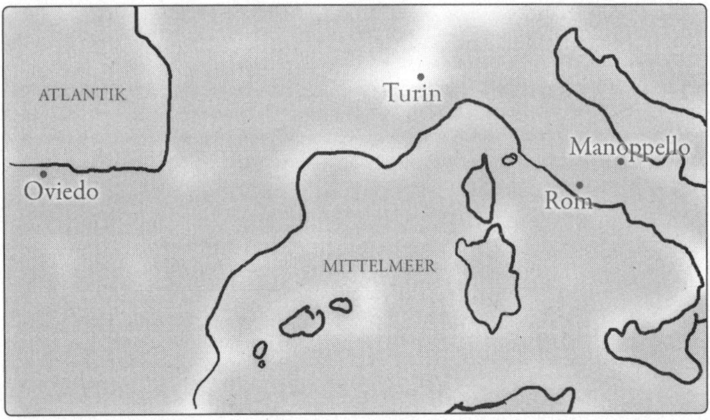

Reliquien: 42.2248N, 5.0591E – Sichthöhe: etwa 1500 Kilometer. Die Aufbewahrungsorte der wichtigsten Reliquien befinden sich in Italien und Spanien.

Die Holztafel vom Kreuz Jesu – auch unter der römischen Bezeichnung *Titulus* bekannt – enthält laut Neuem Testament die Inschrift *»Jesus von Nazareth, der König der Juden« (Johannes 19,19).* Geschrieben wurde dieser Titel in hebräischer, griechischer und lateinischer Sprache.

Der Titulus: laut der katholischen Tradition und den Untersuchungen durch Carsten Peter Thiede die Holztafel vom Kreuz Jesu.

Einen Teil der Originaltafel soll die Heilige Helena, Mutter von Kaiser Konstantin, im Jahre 326 von ihrer Pilgerreise nach Jerusalem mitgebracht haben, zusammen mit Splittern und Nägeln des Kreuzes Christi.

Nach den Untersuchungen des 2004 verstorbenen Wissenschaftlers Carsten Peter Thiede ist dieses Holz echt und untermauert somit die Glaubwürdigkeit der von vielen als Legende eingestuften Geschichte um Helena und natürlich auch den biblischen Bericht von der Kreuzigung Jesu Christi.

In der römischen Kirche Santa Croce in Gerusalemme befindet sich die Holztafel, die über dem Kreuz Jesu Christi hing.

KOORDINATEN:

Santa Croce in Gerusalemme in Rom: 41.8880N, 12.5159E

Santa Croce in Gerusalemme ist eine der sieben Haupt- und Pilgerkirchen in Rom und geht auf die Auffindung des Kreuzes in Jerusalem durch Helena zurück. 1144 wurde die Kirche durch Papst Lucius II. erneuert und Papst Benedikt XIV. ließ sie 1743 modernisieren, sodass sich die Fassade im verspielten Rokoko-Stil präsentiert. In der Reliquienkapelle werden die Kreuzesreliquien der Helena aufbewahrt.

Das Grabtuch von Turin

Das Turiner Grabtuch ist auf den ersten Blick eine katholische Reliquie, wie es sie zu Hunderten gibt. Es ist die bekannteste, ja – aber soll sie deshalb echt sein? Auf viele Menschen übt das Tuch eine fast magische Faszination aus. Es birgt ein Geheimnis, unerklärlich scheint der Ursprung des Bildes zu sein, das darauf zu sehen ist.

Das Tuch ist aus Leinen, 4,36 Meter lang und 1,10 Meter breit. Es hat ein charakteristisches Fischgrätmuster. Die Leinwand selbst ist infolge des hohen Alters zwar vergilbt, aber noch verhältnismäßig gut erhalten. Im Laufe der Geschichte hat sie jedoch sehr gelitten und einige Zerstörungen fallen sofort ins Auge: Ein Brand im Jahr 1532 hätte das Tuch fast zerstört: Deutlich zu sehen sind die beiden dunklen Längsstreifen und die dreieckigen, symmetrischen Löcher, die zeigen, dass das gefaltete Tuch in seinem Silberschrein versengt wurde. Auch durch Löschwasser entstandene Flecken sind erkennbar. Noch älter sind mehrere kleine Brandlöcher in Höhe der Oberschenkel. 1997 hat das Tuch einen Brand der Turiner Kathedrale durch den beherzten Einsatz eines Feuerwehrmannes unbeschadet überstanden.

Das Besondere am Turiner Grabtuch ist das Abbild eines männlichen Körpers, der in seiner vollen Länge – sowohl von vorne wie auch von hinten – zu sehen ist. Nach Schätzungen von Forschern war der Mann etwa 1,77 Meter groß, knapp 80 Kilogramm schwer und etwa 30 bis 35 Jahre alt. Das Bild ist erst ab einem Betrachtungsabstand von etwa zwei Metern deutlich zu erkennen. Wirklich deutlich wird das Bild, wenn man ein fotografisches Negativ davon betrachtet. Auf dem Tuch selbst wirkt es befremdlich, fast gespenstisch – erst invers sind deutlich die anatomischen Details zu sehen.

An Stirn und Hinterkopf, auf der Brust sowie an den Hand- und Fußgelenken lassen sich Blutspuren erkennen. Sie unterscheiden sich vom Körperbild in ihrem Charakter und ihrer Beschaffenheit. Die Frage, wie das Blut auf das Leintuch kam, stellt sich nicht in der Weise wie beim negativen, konturlosen Abdruck des ganzen Körpers. Dass es sich um menschliches Blut handelt, ist inzwischen nachgewiesen.

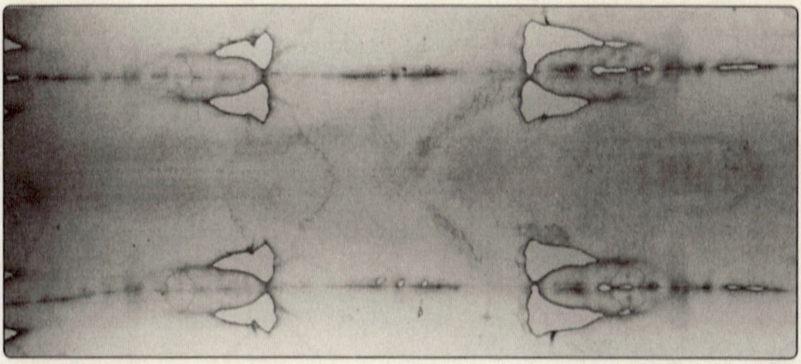

Eine Nachbildung des Turiner Grabtuchs.

Wie kam das Körperbild auf das Grabtuch? Dies ist eine Frage, die viele Wissenschaftler beschäftigt hat, seit sie mit dem Tuch als Forschungsobjekt umgehen. Der Bischof von Troyes, der es 1389 beim Papst als Fälschung meldete, nannte es ein »mit Schlauheit gemaltes Tuch, auf das durch geschickte Kunst das zweifache Bild eines Mannes gemalt wurde«. Allerlei wissenschaftliche Untersuchungen haben allerdings inzwischen ergeben, dass sich keine Farbpigmente auf dem Gewebe befinden. Auch der Negativcharakter lässt an einem Gemälde zweifeln, drittens gibt es keine Konturen, was für das Mittelalter einzigartig gewesen wäre.

Weitere Theorien zur Entstehung sprechen von den Dämpfen der Leichensalbung als Ursache des Abdrucks oder auch einem fotografischen oder Kontaktabdruck.

Natürlich sträuben sich viele Wissenschaftler, die Auferstehung Jesu mit dem Abbild in Verbindung zu bringen. Ein übernatürliches Wunder als Erklärung anzunehmen, fällt ihnen schwer. Bestseller-Autor Ian Wilson stellt sich jedoch einen thermonuklearen Strahlenblitz vor, der einen permanenten Schatten in das Tuch brannte, ähnlich den Beobachtungen, die man in Hiroshima nach der Atombombe machen konnte.

Er beschreibt den Vorgang am Ostermorgen – rein hypothetisch, wie er betont – so:

»In der Dunkelheit des Grabes in Jerusalem lag der tote Leib Jesu, ungewaschen, mit Blut bedeckt, auf einer Steinplatte. Plötzlich bricht eine

geheimnisvolle Kraft aus ihm hervor. In diesem Moment entmaterialisiert sich das Blut, vielleicht durch den Strahlenblitz aufgelöst, während sein Bild und das des Leibes sich unauslöschlich in das Grabtuch einbrennen, der Nachwelt buchstäblich eine Momentaufnahme von der Auferstehung hinterlassend.«

Es ist leicht zu erkennen, dass der dargestellte Mann keinen natürlichen Tod gestorben sein kann. Die vielen blutenden Wunden sprechen eine deutliche Sprache über die grausame Misshandlung, die der Tote erleiden musste.

Zu sehen sind viele kleinere Wunden, die deutlich auf eine Geißelung schließen lassen. Offenbar waren die Lederriemen des Marterwerkzeugs mit Metallkugeln besetzt, um den Schmerz zu vergrößern. Die Hände liegen überkreuzt, daher ist nur an der Handwurzel der oben liegenden Hand eine deutliche Wunde zu sehen. Auch an den Füßen ist eine Wunde zu erkennen. Diese beiden Wunden lassen die Kreuzigung des Toten (wer immer er dann auch war) als gesichert erscheinen.

Untypisch für ein Kreuzigungsopfer, jedoch in den Evangelien für die Hinrichtung Jesu eindeutig bezeugt, ist die Wunde an der Seite. Sie lässt auf eine blattförmige Lanzenspitze schließen, wie sie bei den Römern üblich war.

Auch die Wunden am Kopf sind einzigartig und legen die Vermutung nahe, dass dem Opfer eine Dornenhaube (nicht -krone) aufgesetzt worden war. Weitere Verletzungen im Gesicht belegen Schläge und Misshandlungen.

Die Wundspuren bestehen wohl eindeutig aus Blut. Die Seitenwunde, die sich zwischen der sechsten und siebten Rippe befindet, lässt vermuten, dass nicht nur Blut alleine aus der Wunde getreten ist – es sind auch einige klarere Stellen zu erkennen. Der Chirurg Dr. Sava hat bemerkt, dass sich bei schwerer körperlicher Misshandlung eine *seröse* Flüssigkeit in Körperhohlräumen ansammeln kann. Interessant ist hier natürlich, dass in der Bibel steht: *»Einer der Soldaten bohrte jedoch einen Speer in seine Seite, und Blut und Wasser flossen heraus« (Johannes 19,34).*

Forscher konnten bestätigen, dass es sich um echtes Menschenblut handelt. Hämoglobinkristalle gealterten Blutes konnten mithilfe chemischer Tests nachgewiesen werden. Inzwischen ist es wohl sogar gelungen, die Blutgruppe zu bestimmen, die der Mann auf dem Tuch hatte: AB!

Die Geschichte der Grabtücher ist anfangs nur legendenhaft überliefert und es ist schwierig, sie in einen genauen Zusammenhang zu bringen. Anscheinend wurden sie vom Jünger Thebbedäus nach Edessa gebracht, zu König Abgar, mit dem Jesus selbst Briefkontakt gehabt haben soll. Edessa liegt in der heutigen Türkei, auf seinen Ruinen wurde die Stadt Urfa erbaut. Das Grabtuch von Turin ist erst seit dem 14. Jahrhunderts eindeutig bezeugt, seit dem 14. September 1578 wird es in Turin aufbewahrt.

KOORDINATEN:

Edessa/Urfa: 37.1566N, 38.7919E
Turin: 45.0732N, 7.6865E

Echtheit: Im Jahr 1988 wurden kleine Teile des Grabtuches mit der Radiokarbon-Analyse (C-14) untersucht. Dabei datierten die Wissenschaftler das Objekt auf die Zeit von 1260 bis 1390. Die Reliquie schien als Fälschung entlarvt, doch folgende Faktoren lassen das Ergebnis der Untersuchung fragwürdig erscheinen:

- Eine festgestellte Schmutzschicht.

- An der untersuchten Stelle wurde das Tuch scheinbar früher bei Ausstellungen festgehalten und dadurch eventuell verunreinigt.

- Möglicher Betrug durch vertauschte Objekte.

Ein belgischer Forscher stellte bei dem fischgrätenförmig gemusterten Leinen die sogenannte »Körper-Bindung« fest. Vergleichbare Stoffe sind aus dem syrischen Raum aus der Zeit Christi bekannt, nicht jedoch aus dem mittelalterlichen Europa. Der Züricher Kriminologe Max Frei fand Pflanzenpollen auf dem Tuch, die in Israel um die Zeitenwende existierten. Auch NASA-Spezialisten datieren gefundene Mikroorganismen auf ein Alter von 2000 Jahren.

Somit gibt es viele Indizien, die dafür sprechen, dass es sich um das echte Grabtuch Christi handelt. Doch aufgrund der rätselhaften Entstehung des Körperbildes und mangels weiterer wissenschaftlicher Untersuchungen bleibt das Turiner Tuch unter den Forschern heftig umstritten.

Weitere Tücher

Es gibt neben dem Turiner Grabtuch noch mindestens zwei weitere bekannte Tücher, die mit dem Tod Jesu in Verbindung gebracht werden und einigermaßen glaubwürdig als echt bezeichnet werden können:

Das Schweißtuch von Oviedo ist ein blutverschmutztes, zerknittertes Leinentuch, dessen dunkle Blutflecken symmetrisch angeordnet sind. Die Echtheitsbefürworter behaupten, dass die Spuren deckungsgleich mit denen auf dem Turiner Grabtuch seien. Ein Körperbild ist allerdings nicht vorhanden.

KOORDINATEN:

Oviedo: 43.3626N, 5.8432W
Manoppello: 42.2497N, 14.0621E
Petersdom in Rom: 41.9021N, 12.4540E

Das Muschelseidentuch von Manoppello ist erst seit einigen Monaten der breiten Öffentlichkeit bekannt. Paul Badde, Historiker und Journalist, schrieb in seinem Buch »Das Göttliche Gesicht« über die Entdeckung des zarten Tuches in dem kleinen italienischen Abruzzenstädtchen und die angebliche Fälschung, die im Petersdom als *Schweißtuch der Veronica* aufbewahrt wird. Das abgebildete Gesicht ist von fast fotografischer Deutlichkeit und lässt intuitiv daran zweifeln, hier ein tatsächliches Abbild Jesu Christi vor sich zu haben. Die Belege, die Badde für die Echtheit bringt, sind allerdings überzeugend und sogar Kardinal Meisner soll das Muschelseidentuch für echt halten. Papst Benedikt XVI. hat am 1. September 2006 Manoppello besucht. Zwar äußerte er sich nicht zur Echtheit des Tuches, seine als *private Pilgerfahrt* bezeichnete Reise unterstreicht aber die Bedeutung des Schleiers.

Athos – Der Heilige Berg

Auf dem Gebiet der Europäischen Union gibt es – so unglaublich das auf den ersten Blick scheint – einen Landstrich, den nur Männer betreten dürfen: Frauen ist der Zutritt dorthin grundsätzlich untersagt. Der östliche Finger der griechischen Halbinsel Chalkidiki ist die *Autonome Mönchsrepublik Heiliger Berg Athos*. Auf dem 336 Quadratkilometer umfassenden und vom 2033 Meter hohen Berggipfel Athos überragten Territorium wohnen tatsächlich ausschließlich etwa 2000 Mönche in 20 orthodoxen Klöstern und mehreren kleinen dörflichen Siedlungen.

Das Kloster Simonos Petras aus dem 14. Jahrhundert wurde in 230 Metern Höhe auf einem Fels steil über der Küste erbaut.

Das erste Kloster – *Megistis Lavras*, zu Deutsch: *Die Große Laura* – wurde 963 von einem byzantinischen Mönch gegründet, und bis heute gestaltet sich das Klosterleben auf dem Athos einfach, abgeschieden und nach sehr strengen Regeln. Es gibt nur kärgliche Mahlzeiten und auch viele Fastentage; die Mönche leben von der Landwirtschaft und der Ikonenmalerei.

Und doch gibt es neben aller Tradition auch Modernes: Die Klöster betreiben inzwischen über 100 Kraftfahrzeuge und einige Unimogs. Bei GOOGLE EARTH ist bislang nur ein Teil des Athos in hoher Auflösung zu sehen, doch hier – beim wichtigsten Kloster, der Großen Laura – verbirgt sich eine Überraschung: Direkt neben dem über 1000 Jahre alten Gebäudekomplex befindet sich ein Hubschrauberlandeplatz!

KOORDINATEN:

Gipfel des Athos: 40.1583N, 24.3280E
Hubschrauberlandeplatz: 40.1715N, 24.3813E

Mekka und Medina – Zutritt verboten

Nicht nur viele Stätten aus der Bibel sind bei GOOGLE EARTH hochauflösend zu sehen. Mit Mekka und Medina sind auch die beiden heiligsten Stätten des Islam sehr detailliert im Datenbestand gespeichert, und so lohnt sich eine virtuelle Reise nach Saudi-Arabien – zumal das Betreten der heiligen Zentren für Nichtmuslime verboten ist.

Die Kaaba in Mekka bei Nacht.

Mekka

In strahlendem Weiß erscheint die Hauptmoschee von Mekka zwischen den grauen Häusern der Stadt. In der Mitte befindet sich die Kaaba, ein würfelförmiges Gebäude, das vom Propheten Abraham (Ibrahim) und davor schon einmal durch Adam erbaut worden sein soll. Ein schwarzer

Stein in der Kaaba, möglicherweise ein Meteorit, sei Abraham vom Engel Gabriel überreicht worden.

630 n. Chr. eroberte Mohammed die Stadt und machte zwei Jahre später aus dem vorislamischen Heiligtum, in dem schon zuvor arabische Stämme ihre Götter verehrt hatten, eine rein islamische Stätte.

Einmal im Jahr pilgern jeweils über zwei Millionen Muslime aus aller Welt bei der sogenannten *Haddsch* nach Mekka: Jeder Moslem ist dazu verpflichtet, einmal im Leben nach Mekka zu pilgern.

Moslems in aller Welt beten gen Mekka.

KOORDINATEN:

Mekka: 21.4217N, 39.8314E
Medina: 24.4687N, 39.6099E

Medina

Medina bedeutet *Erleuchtete Stadt* oder *Stadt des Propheten*. 622 n. Chr. wanderte Mohammed von Mekka nach Medina aus und wurde dort zum geachteten Staatsmann und Begründer des Islam. Diese als »Hidschra« bezeichnete Auswanderung markiert den Beginn der islamischen Zeitrechnung.

Die große Prophetenmoschee in Medina ist die erste Moschee der Welt und steht an der Stelle eines einst von Mohammed bewohnten Hauses und einer schon zu seiner Zeit errichteten Moschee. Unter der grünen Kuppel befindet sich das Grab Mohammeds.

Ground Zero – Spuren des Terrors

Sicherlich steckt ein religiöser, wenn nicht gar ein biblisch-endzeitlicher Konflikt hinter den schlimmsten Anschlägen der bisherigen Geschichte: Am 11. September 2001 benutzten islamische Extremisten vier amerikanische Verkehrsflugzeuge als Instrumente der Vernichtung: Zwei wurden in die beiden Türme des World Trade Centers in Manhattan gesteuert, die daraufhin einstürzten, ein weiteres rammte das Pentagon in Washington, das vierte stürzte dank des beherzten Eingreifens einiger Passagiere auf freiem Feld ab. Die Anschläge forderten 3000 Todesopfer – anfangs hatte man mit einem Vielfachen davon gerechnet.

Satellitenaufnahme der NASA vom 12. September 2001.

New York und die Baustelle Ground Zero sind bei Google Earth sehr hoch aufgelöst und hier lohnt es sich auch, die 3-D-Gebäude einzublenden: Alle Hochhäuser und selbst die provisorischen Hütten auf der Baustelle sind als dreidimensionale Datensätze hinterlegt. In Amerika scheint der Umgang mit Google Earth wirklich eine Art Volkssport geworden zu sein.

KOORDINATEN:

Ground Zero: 40.7121N, 74.0130W
Pentagon: 38.8710N, 77.0560W
Shanksville, Pennsylvania: 40.0504N, 78.9046W

Ground Zero im Februar 2002.

BIBLE-EARTH-TIPP:

Seit Januar 2007 stellt Google Earth 3-D-Gebäude mit Texturen dar. Dabei werden Fotografien der Fassaden auf die Oberflächen der 3-D-Modelle gelegt, was einen sehr realistischen Eindruck macht. In Deutschland sind schon einzelne Gebäude zu sehen, im amerikanischen Denver größere Teile der Stadt. Hamburg möchte die weltweit erste Stadt werden, die inklusive der Häuserfassaden in Google Earth integriert ist. Berlin arbeitet ebenfalls an seinem virtuellen Abbild und weitere Städte werden sicher folgen.

KOORDINATEN:

Frankfurt, Innenstadt: 50.1116N, 8.6674E
München, Olympiastadion: 48.1731N, 11.5468E
Hamburg, Miniatur-Wunderland: 53.5437N, 9.9884E
Denver: 39.7393N, 104.9910W

Für 3-D-Datensätze der Stadt Berlin besuchen Sie bitte:
<www.3d-stadtmodell-berlin.de>

Berlin (Pergamonmuseum): 52.5209N, 13.3966E
Berlin (Holocaust-Mahnmal): 52.5139N, 13.3794E

Berlin – Hochaufgelöste Hauptstadt

Ein Abstecher nach Berlin lohnt sich in jedem Fall: Hier sind die Bilder, die GOOGLE EARTH liefert, nicht nur hochauflösend, sondern atemberaubend. Während sich die Auflösung sonst zwischen 1 Meter und 15 Zentimetern pro Bildschirm-Pixel bewegt, erscheint Berlin mit schätzungsweise 7,5 Zentimetern pro Pixel: eine Auflösung, in der man Fußgänger deutlich erkennen und Automarken erraten kann.

Zum Thema dieses Buches passen vor allem zwei Plätze in Berlin: das Pergamonmuseum, in dem das in Babylon ausgegrabene Ischtar-Tor und der 36 mal 34 Meter große Pergamonaltar ausgestellt sind. Sehr detailliert ist das Dach des Gebäudes zu sehen und in unmittelbarer Nachbarschaft die Baukräne über dem Neuen Museum oder die Ausflugsboote auf der Spree.

Das Pergamonmuseum.

Das *Denkmal für die ermordeten Juden Europas*, auch als *Holocaust-Mahnmal* bekannt, wurde zwischen 2003 und 2005 erbaut. Das Kunstwerk mit 2711 Betonstelen bedeckt eine Fläche von 19.000 Quadratmetern. Hier kann man aus einer Sichthöhe von 75 Metern einzelne Menschen erkennen, die zwischen den Quadern gehen.

Wittenberg – Ausgangspunkt der Reformation

Es gibt eigentlich nicht viele Orte, die mit dem evangelischen Glauben in Verbindung gebracht werden. Daher sollte man wenigstens die Lutherstadt Wittenberg und die Wartburg besuchen.

KOORDINATEN:

Wittenberg, Schlosskirche: 51.8663N, 12.6380E
Wittenberg, Stadtkirche: 51.8665N, 12.6446E
Wittenberg, Lutherhaus: 51.8640N, 12.6525E
Wartburg: 50.9661N, 10.3064E

Die Schlosskirche in Wittenberg, an deren Portal Martin Luther seine 95 Thesen anschlug.

Durch Martin Luther, Philipp Melanchthon und Lucas Cranach wurde die Universitätsstadt Wittenberg zum Ausgangs- und Mittelpunkt der Reformation im 16. Jahrhundert. Die Lutherstätten gehören seit 1996 zum Weltkulturerbe der UNESCO. Auf der Wartburg über Eisenach hielt sich Luther als *Junker Jörg* versteckt und übersetzte im Herbst 1521 das Neue Testament in nur elf Wochen ins Deutsche.

Google Earth im Wechsel der Jahreszeiten

Ob Insekt in der Linse, ein grauer Kasten, zensierte Gebiete oder Übergänge zwischen Bildern, die offensichtlich zu unterschiedlichen Jahreszeiten aufgenommen worden sind – bei Google Earth gibt es viele Dinge, die zum Schmunzeln, Staunen oder Grübeln anregen.

Ein 50 Meter langes Riesentier oder ein in die Kamera-Optik geratenes Insekt? Mittlerweile hat Google den »Bug« (zu Deutsch: Wanze) wegretuschiert.

KOORDINATEN:

Retuschiertes Insekt bei Aachen: 48.8576N, 10.2055E
Grauer Kasten bei Vaihingen/Enz: 48.9592N, 8.9697E
Sommer und Winter in Finnland: 59.8199N, 17.6533E
Den Haag (zensiert): 52.0976N, 4.3363E

In vielen Internet-Foren tauschen Benutzer Koordinaten Tausender solcher Plätze aus und es würde ein eigenes Buch füllen, wollte man auch nur die interessantesten Fälle dokumentieren. Allerdings wäre es dazu verurteilt, seine Aktualität nach dem nächsten Daten-Update von Google Earth einzubüßen. Daher ist es besser, sich im Internet über solche Dinge zu informieren.

Folgende Adressen bieten laufend interessante Geodaten und die Möglichkeit zum Austausch mit anderen Benutzern:

BIBLE-EARTH-TIPP:

Unter folgenden Internetadressen finden Sie interessante Koordinaten und Informationen:
<www.googleerde.de>
<www.globezoom.info>
<http://bbs.keyhole.com>
<http://explorer.altopix.com>
<www.gearthhacks.com>
<www.webkuehn.de/hobbys/wikipedia/geokoordinaten/index.htm>
und natürlich: <www.bible-earth.net>

Autor und Verlag

KOORDINATEN:

Haus des Autors in Wildberg-Sulz: 48.6173N, 8.7796E
Hänssler Verlag in Holzgerlingen: 48.6313N, 9.0307E

Und zum Schluss noch: ein neugieriger Blick auf das Haus des Autors in Wildberg-Sulz und das Gebäude des Hänssler Verlags in Holzgerlingen. Nicht zuletzt ist GOOGLE EARTH gut dazu geeignet, zu sehen, mit wem man es zu tun hat ...

Anhang

Karten:

Alle Karten wurden vom Autor erstellt.

Fotos:

Timo Roller 44, 59, 69, 71, 74, 78, 79, 84, 87, 90, 93, 94, 99,100, 102, 104, 109, 110, 118, 120, 121, 123, 125, 126, 127, 129, 141, 143, 145, 146, 153, 155, 159 (2x), 161, 165, 168, 169, 171, 175, 182
Jürgen Röhm 13, 20, 181
Stefan Buchali 16, 25, 30, 33, 41, 138
Fridl Röhm 49, 81
Linda Naulin 53
Barbara Röhm 64, 67
Harald Pross 180

Ur: Lasse Jensen (aus: Wikipedia) 23
Nebi Jenus: Urheber unbekannt.. 36
Hebron: »Hwilde« (aus: Wikipedia) 113
Antiochia: Urheber unbekannt.. 132
Ephesus: Urheber unbekannt (aus: Wikipedia)........................ 136
Korinth: Frank van Mierlo (aus: Wikipedia) 148
Mekka: Mohammad Suman Hossain (aus: Wikipedia) 177
Ground Zero: NASA 179
»Bug«: Google Earth.. 183

Zitierte und erwähnte Literatur:

S. 43: Der Spiegel, 3. Juni 2006.
S. 57: Peter van der Veen und Uwe Zerbst: Keine Posaunen vor Jericho? Beiträge zur Archäologie der Landnahme. Hänssler: 2005.
S. 57f.: Peter van der Veen und Uwe Zerbst: Biblische Archäologie am Scheideweg? Für und Wider einer Neudatierung archäologischer Epochen im alttestamentlichen Palästina. Hänssler: 2002.
S. 57, 70: Israel Finkelstein und Neil Asher Silberman: Keine Posaunen vor Jericho: die archäologische Wahrheit über die Bibel. Beck: 2003.
S. 57: dtv-Atlas Weltgeschichte. Von den Anfängen bis zur Gegenwart. dtv: 2006.
S. 57: Thomas Schneider: Lexikon der Pharaonen. Patmos: 2003.
S. 58: David M. Rohl: Pharaonen und Propheten. Das Alte Testament auf dem Prüfstand. Bechtermünz-Verlag: 1999.

S. 78: Paul L. Maier (Hrsg.): Josephus – Ein Zeuge aus der Zeit Jesu berichtet. Hänssler: 1994.
S. 106: Theodor Herzl: AltNeuLand. Ein utopischer Roman. Books on Demand: 2004.
S. 124: Talmud, zitiert in: Baedeker Reiseführer Israel. Baedeker: 1996.
S. 171: Ian Wilson: Das Turiner Grabtuch. Die Wahrheit. Goldmann: 2001.
S. 174: Paul Badde: Das Göttliche Gesicht. Die abenteuerliche Suche nach dem wahren Antlitz Jesu. Pattloch: 2006.

Weiterführende Literatur:

Peter van der Veen und Uwe Zerbst: Biblische Archäologie am Scheideweg? Hänssler: 2002.
Peter van der Veen und Uwe Zerbst: Keine Posaunen vor Jericho? Hänssler: 2005.
Fred Hartmann: Der Turmbau zu Babel. Hänssler: 2002.
Alexander Schick: Irrt die Bibel? jota Publikationen: 2004.
Beate u. Winrich Scheffbuch: Israel mit der Bibel entdecken. Hänssler: 1994.
Timo Roller, Stefan Buchali, Frank Ugele: Einzigartiges Israel. CD-ROM. MORIJA medien: 1999.

Dank:

Ich danke meiner Frau Christina für alle Unterstützung sowie meinen Kindern Marit und Finn für inspirierende Unterbrechungen. Vielen Dank an die Beta-Tester Claudio Roller, Tobias Röhm, Stefan Buchali und Albert Röhm. Besonders danke ich Peter und den Mitarbeitern bei »Wort und Wissen« für die Unterstützung, Lutz Ackermann für die gute Zusammenarbeit und Alexander Schick für wertvolle Tipps. Ich danke Gott dafür, dass er die reale Erde erschaffen hat, die noch viel wundervoller und faszinierender ist als ihr virtuelles Abbild. Und er hat mich erschaffen – einen von über sechs Milliarden Menschen, ein unbedeutendes Staubkorn im Universum, aber doch wertvoll in seinen Augen.

Erklärte Begriffe und Personenporträts:

Register aller Orte: